Diogenes Taschenbuch 21697

Friedrich Dürrenmatt

Denkanstöße

Ausgewählt und
zusammengestellt von
Daniel Keel
Mit sieben
Zeichnungen
des Dichters

Diogenes

Quellenhinweise am Schluß des Bandes
Umschlagillustration von
Friedrich Dürrenmatt
›Sisyphos‹
(Ausschnitt)
Die Zeichnungen (Ausschnitte) stammen aus:
Friedrich Dürrenmatt, ›Bilder und Zeichnungen‹
Diogenes 1978
Diese Auswahl erschien zuerst 1982
unter dem Titel *Denken mit Dürrenmatt*
in der Reihe Diogenes Evergreens

Veröffentlicht als Diogenes Taschenbuch, 1989

100/91/36/3
ISBN 3 257 21697 1

Es gibt in der deutschen Sprache die zwei Ausdrücke ›sich ein Bild machen‹ und ›im Bilde sein‹. Wir sind nie ›im Bilde‹ über diese Welt, wenn wir uns von ihr kein Bild machen. Dieses Machen ist ein schöpferischer Akt. (26/68)

Ich will freimütig meine Gedanken äußern, nicht ganz zu Ende formuliert; ich tue es allein aus dem Grunde, weil man mich als einen Schriftsteller, einen Komödienschreiber fragt, und nicht, weil ich ihnen einen mehr als persönlichen Wert beimesse. Das ist auch ganz in Ordnung. Im Symposium ließ Plato neben Sokrates auch Aristophanes zu Wort kommen. Ich lehne es deshalb ab, als Denker aufzutreten; als Dilettant in dieser Tätigkeit kann ich mich jedoch auch unbekümmerter äußern, als wenn ich zur Zunft gehörte, und das mag manchmal auch sein Gutes haben. (26/60)

Alltag

Wir müssen den Mut haben, zu unserer Zeit zu stehen. Nur getrost, auch sie hat ihre Helden und Raubritter, und in der Wirtschaft geht es nicht gnädiger zu als in der Schlacht im Teutoburger Walde. Nicht Herzöge und Feldherren, sondern Geschäftsleute, kleine Krämer, Industrielle, Bankiers, Schriftsteller sind die Rollenträger unserer Zeit – noch genauer: wir alle sind es, und die Handlung, die wir durchmachen, durchstehen müssen, ist die unseres Alltags. (16/179)

Aufklärung

Wir neigen dazu, die Aufklärung zu unterschätzen. Vielleicht weil wir von ihr ernüchtert sind oder enttäuscht oder weil wir uns in die Zeit des unangefochtenen Glaubens zurücksehnen, zurück in die Nestwärme des Nichtangezweifelten. Wir frösteln, wenn wir an die Aufklärung denken. Sie setzte, wie wir annehmen, an Stelle des Glaubens die Vernunft, und die Vernunft ist etwas Kaltes. Sie brachte, wie wir zwar wissen, das neue wissenschaftliche Denken hervor, aber wir weigern uns, dieses neue Denken als ein philosophisches Denken anzuerkennen, obgleich es wie nie ein anderes Denken die Welt veränderte und in Gebiete vorstieß, die vorher Sache der philosophischen Spekulation waren. (29/35)

Bild

Das abstrakte Denken des Menschen, die jetzige Bildlosigkeit der Welt, die von Abstraktheiten regiert wird, ist nicht mehr zu umgehen. Die Welt wird ein ungeheurer technischer Raum werden oder untergehen. Alles Kollektive wird wachsen, aber seine geistige Bedeutung einschrumpfen. Die Chance liegt allein noch beim Einzelnen. Der Einzelne hat die Welt zu bestehen. Von ihm aus ist alles wieder zu gewinnen. Nur von ihm, das ist seine grausame Einschränkung. Der Schriftsteller gebe es auf, die Welt retten zu wollen. Er wage es wieder, die Welt zu formen, aus ihrer Bildlosigkeit ein Bild zu machen. (26/67)

Computer

Ein Computer ist eine Prothese des menschlichen Hirns. Er ist eine Maschine. Was das Tier durch Evolution vollbringt, die Millionen von Jahren dauert, indem sich etwa der Saurier durch Veränderung seiner Knochen im Verlaufe der Zeit zu einem Land-, Flug- und Fischsaurier entwickelt, das vollbringt der Mensch dank seinen Maschinen vollkommener als das Reptil. Wir rasen in Autos, fliegen mit Flugzeugen und Raketen, schwimmen mit Schiffen. Ohne Technik ist der Mensch nicht mehr lebensfähig. Die Maschinen vermögen, je perfekter wir sie bauen, alle unsere Arbeiten auszuführen, auch unser Regieren über Menschen. Der Mensch kann nur durch Maschinen objektiv regiert werden, scheint es, es bleibt ihm nichts anderes übrig, als sich ihnen anzuvertrauen. Nur durch eine vollkommene Automation kann er sich vom Kampf ums Dasein befreien, nur durch Maschinen wird er frei. Der Mensch wird der totale Konsument, der Konsument, der für sein Konsumieren nicht zu arbeiten braucht.

Was wird für diesen Menschen wichtig? Kunstwerke? Wird sich eine ungeheure Sonntagsmalerei ausbreiten? Wird es noch eine Politik geben, oder wird die Politik eine Farce sein? Eine Zeremonie? Feierliche Protestmärsche ohne Wirkung gegen unumstößliche Computerbeschlüsse, deren Sinn nur noch den Computern einleuchtet? Werden Sekten entstehen, neue Religionen, weil sich der materiell gesicherte Mensch nur noch für Metaphysisches interessiert? Fegen blutige Glaubenskämpfe über die von Computern verwaltete Erde? Werden die Rasierten von den Bärtigen oder die Bärtigen von den Rasierten ausgerottet? Wird Fußball so lebensentscheidend, daß sich die Anhänger verschiedener Mannschaften gegenseitig zerfetzen? Bildet sich eine neue Priesterschaft, die über den Menschen herrscht, reißt eine Handvoll Techniker, welche die Computer bedienen, die Herrschaft über die Erde an sich? Wird die von Computern beherrschte Menschheit eine Revolution gegen die Maschinen entfesseln, wird der Mensch wieder ein Pfahlbauer? (27/87)

Demokratie

Die Demokratie ist eine der großen politischen Ideen des Menschen. Dazu finden sich in der Schweiz Ansätze. Die Demokratie ist ein Versuch, innerhalb eines Machtsystems möglichst viele an der Macht zu beteiligen: die Mehrheit herrscht über die Minderheit.

Doch je komplizierter ein Staat wird, desto komplizierter wird die Durchführung der Demokratie; die Schweiz, in der noch Möglichkeiten einer direkten Demokratie bestehen, macht davon keine Ausnahme. Ein Land muß nicht nur regiert, es muß auch verwaltet werden. Es sind nicht nur Beschlüsse zu fassen, sie sind auch zu verwirklichen: Die Politik setzt sich aus Politikern zusammen, die die Politik beschließen, und aus Beamten, die die Politik durchführen.

Je komplizierter nun der gesamtpolitische Apparat eines Landes wird, desto mehr werden Politiker Beamte und Beamte Politiker. (27/74)

Das Parlament

Das Parlament repräsentiert in Wirklichkeit nur sich selbst und nur ideologisch das Volk. Die Struktur der modernen Gesellschaft, in der ein jeder irgendwie ein Angestellter ist, arbeitet der Demokratie entgegen. Ein jeder ist gewohnt, sich verwalten zu lassen. Die Demokratie setzt jedoch Kritik voraus und die Angewohnheit, der Regierung auf die Finger zu sehen. Ein Parlament dagegen, das nur aus Beamten und Funktionären besteht, kommt in Versuchung, dem Volke vorzuschreiben, wie es zu sein hat. Wir haben gehorsame Demokraten zu sein. (27/75)

Sozialdemokratie und Volksdemokratie

Das Dilemma der Sozialdemokratie: Sie bietet den Sozialstaat an, aber der Sozialstaat bedeutet ›mehr Staat‹, was der bürgerliche Staat auch anbietet, auch er muß ein Mehr an Staat hinnehmen, das Gesetz der großen Zahl zwingt allen den Sozialstaat auf. Die Koalition der Sozialdemokraten mit den bürgerlichen Parteien ist logisch: beide wollen nicht das gleiche, aber müssen das gleiche tun. Das trifft auch zu, wo einer der beiden, bald der eine, bald der andere, in Opposition tritt, jeder, einmal an der Macht, muß dem Staat ein ›Mehr‹ zufügen. Die Furcht beider ist freilich verschieden, wenn auch mit viel Demagogie verbunden. Die ›Bürgerlichen‹ fürchten die Volksdemokratie, die Sozialdemokraten die Diktatur. (17/120)

Gegen den Staat für den Staat

Nur so hat die Demokratie noch einen Sinn: im Kampf gegen den Staat für den Staat, in der Auseinandersetzung mit der Institution für die Institution, als Versuch, den Staat zu vermenschlichen. Mehr, als den Staat zu humanisieren, vermag keine Politik, sonst wird sie zum Abenteuer. (S/337)

Denken

Die Menschheit ist, um einen Ausdruck der Physik anzuwenden, aus dem Bereich der kleinen Zahlen in jenen der großen Zahlen getreten. So wie in den Strukturen, die unermeßlich viele Atome umschließen, andere Naturgesetze herrschen als im Innern eines Atoms, so ändert sich die Verhaltensweise der Menschen, wenn sie aus den relativ übersichtlichen und, was die Zahl ihrer Bevölkerung betrifft, kleineren Verbänden der alten Welt in die immensen Großreiche unserer Epoche geraten. Wir sehen uns heute Staatsorganisationen gegenüber, von denen die Behauptung, sie seien Vaterländer, nur noch mit Vorsicht aufzunehmen ist. Ebenso bemüht sich die heutige Politik oft, Ideen aufrechtzuerhalten, die der staatlichen Wirklichkeit nicht mehr entsprechen: Daher das allgemeine Gefühl, einem boshaften, unpersönlichen, abstrakten Staatsungeheuer gegenüberzustehen. Politik im alten Sinne ist kaum mehr möglich. Wir brauchen eine technische Bewältigung von technischen Räumen, vor allem eine neue, genaue Unterscheidung von dem, was des Kaisers, von dem, was Gottes ist, von jenen Bezirken, in denen Freiheit möglich, und jenen, in denen sie unmöglich ist. Die Welt, in der wir leben, ist nicht so sehr in eine Krise der Erkenntnis gekommen, sondern in eine Krise der Verwirklichung ihrer Erkenntnisse. Sie ist ohne Gegenwart, entweder zu sehr der Vergangenheit verhaftet oder einer utopischen Zukunft verfallen. Der Mensch lebt heute in einer Welt, die er weniger kennt, als wir das annehmen. Er hat das Bild verloren und ist den Bildern verfallen. Daß man heute unser Zeitalter eines der Bilder nennt, hat seinen Grund darin, daß es in Wahrheit eines der Abstraktion geworden ist. Der Mensch versteht nicht, was gespielt wird, er kommt sich als ein Spielball der Mächte vor, das Weltgeschehen erscheint ihm zu gewaltig, als daß er noch mitbestimmen könnte; was gesagt wird, ist ihm fremd, die Welt ist ihm fremd. Er spürt, daß ein Weltbild errichtet wurde, das nur noch dem Wissenschaftler verständlich ist, und er fällt den Massenartikeln von gängigen Weltanschauungen und Weltbildern zum Opfer, die auf den Markt geworfen werden und an jeder Straßenecke zu haben sind. (26/63)

Erde

Das Schiffsgleichnis

Vergleichen wir den Planeten, auf dem wir leben – und es bleibt uns trotz Raumfahrt kein anderer zur Verfügung –, vergleichen wir die Erde mit einem Schiff, so bin ich durchaus in der Lage, von den Ordnungen, die in den verschiedenen Kabinenklassen herrschen, eine Beschreibung zu geben und auf verschiedene Regeln des Zusammenlebens hinzuweisen, etwa auf die gesellschaftliche Notwendigkeit, beim Dinner in der ersten Klasse Smoking zu tragen.

Diese Beschreibung wird jedoch in Frage gestellt, wenn die Anzahl der Passagiere sich ändert. Die Ordnung und damit die Beschreibung dieser Ordnung ist nur gesichert, wenn die Anzahl der Passagiere im wesentlichen gleich bleibt; verringert sich die Anzahl der Passagiere oder nimmt sie zu, wird die Ordnung in den verschiedenen Klassen und die Beschreibung dieser Ordnung fragwürdig. Besteht die erste Klasse aus Einzelkabinen, die zweite aus Zweier- und die dritte aus Zehnerkabinen, wird diese Ordnung sinnlos, wenn jede Klasse nur mit zwei Passagieren belegt ist. Jeder Passagier besitzt dann eine Kabine, jene der dritten Klasse die größten, auch findet aus lauter Langeweile ein Zusammenschluß der Passagiere statt, das Tragen eines Gesellschaftsanzugs wird aus Mangel an einer Gesellschaft lästig, warum sollen sich zwei in einen Gesellschaftsanzug zwängen, wenn die vier anderen mit offenem Hemd herumlaufen; wird das Schiff mit Passagieren überfüllt, fällt das Klassensystem ebenfalls zusammen.

Bei einem normal belegten Schiff herrscht in der ersten Klasse das Prinzip der Freiheit vor. Jeder Passagier besitzt seine eigene Kabine und soll möglichst frei und ungestört sein. Die zweite und gar die dritte Klasse werden mehr vom Prinzip der Gerechtigkeit geregelt. Wächst jedoch die Anzahl der Passagiere an, können mit der Zeit keine Einzelkabinen mehr gewährt werden, notgedrungen werden strengere Bestimmungen über das Zusammenleben der Passagiere eingeführt. Sowohl die Einzelkabine als auch der Smoking wird ein Privileg, das desto ärgerlicher wirkt, je mehr die Anzahl der Passagiere anschwillt. Die Notwendigkeit, gerecht zu sein, hängt daher von der An-

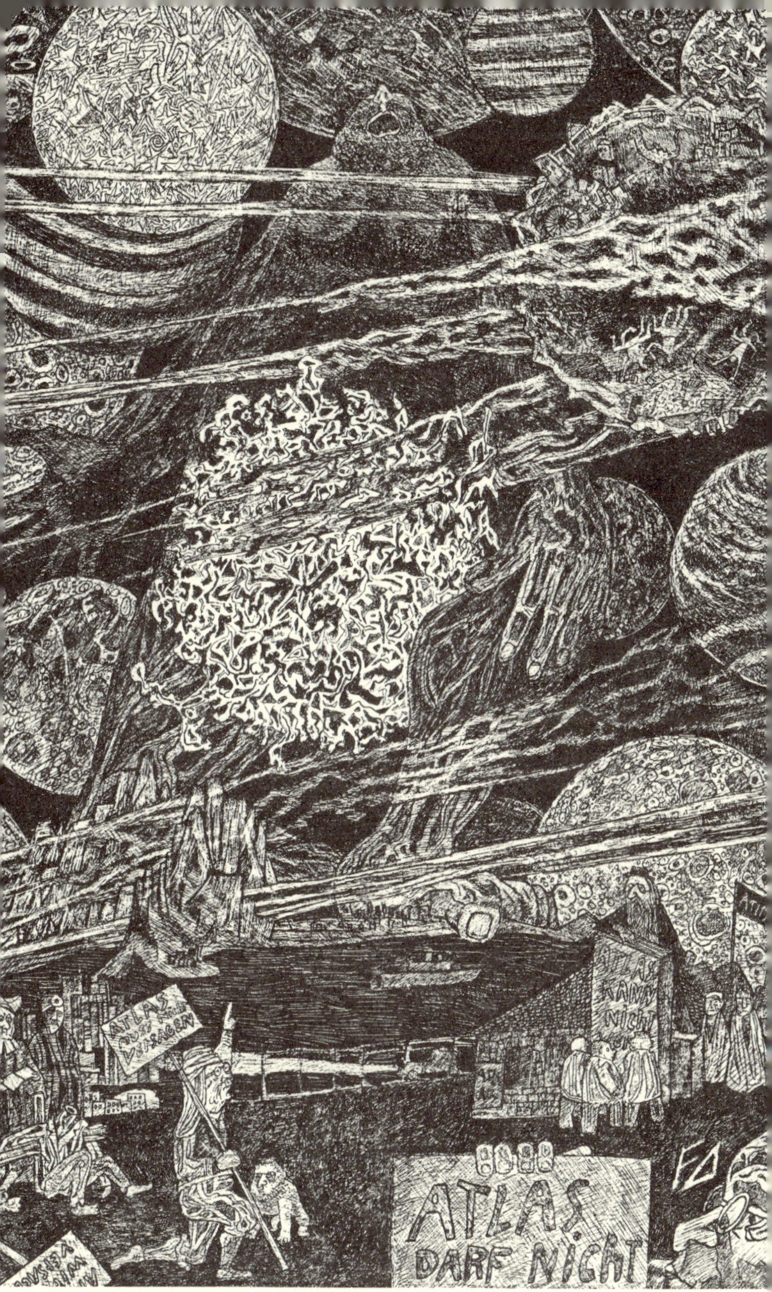

Atlas I: Der versagende Atlas 1958

zahl der Passagiere ab, je größer diese Anzahl, desto geringer die Freiheit des Einzelnen, bis ihm, in allen Klassen zusammengepfercht, nur noch die Freiheit des Geistes übrigbleibt.

Bezogen auf unseren Planeten: Je größer seine Bevölkerung, desto entscheidender wird die Gerechtigkeit, desto größer wird ihr Primat. (27/97)

Am 20. Juli 1969 begann nicht ein neues Zeitalter, sondern der Versuch, sich aus dem unbewältigten 20. Jahrhundert in den Himmel wegzustehlen. Nicht die menschliche Vernunft wurde bestätigt, sondern deren Ohnmacht. Es ist leichter, auf den Mond zu fliegen, als mit anderen Rassen friedlich zusammenzuleben, leichter, als eine wirkliche Demokratie und einen wirklichen Sozialismus durchzuführen, leichter, als den Hunger und die Unwissenheit zu besiegen, leichter, als den Vietnamkrieg zu vermeiden oder zu beenden, leichter, als den wirklichen Mörder eines Präsidenten zu finden, leichter, als zwischen den Arabern und den Juden und zwischen den Russen und den Chinesen Frieden zu stiften, leichter, als die Sahara zu bewässern, leichter, als den von einer kleinen weißen Volksgruppe besiedelten Kontinent Australien auch für andere Rassen zu öffnen, ja leichter, als das Zweistromland des Tigris und des Euphrat wieder zu jener fruchtbaren Ebene zu machen, die es einst war.

Nicht der Mondflug ist das Schlimmste, er ist nichts als eines jener technischen Abenteuer, die durch die Anwendung von Wissenschaften immer wieder möglich werden: Schlimm ist die Illusion, die er erweckt. Ein neuer Kolumbus ist unmöglich, denn er entdeckte einen neuen Kontinent, der zu bevölkern war, Apollo II jedoch erreichte nichts, was der Erde entsprach, sie erreichte bloß die Wüste der Wüsten, den Mond. Wie weit wir auch unser Sonnensystem durchmessen, immer werden die Bedingungen auf den anderen Planeten so schlecht, so jämmerlich, so unmenschlich sein, daß diese Welten von der Erde aus nie besiedelt werden können. Mag es auch auf dem Mond oder auf dem Mars ein astronomisches Institut geben, mit einer künstlichen Atmosphäre (ich hoffe es), es zählt nichts, gegenüber dem, was sich auf der Erde ereignen wird. (27/30)

Erkenntnis

Ist der Forderung »Erkenne dich selbst« schwer und nur unzulänglich nachzukommen, da sich ein jeder über sich selbst am leichtesten täuscht, so stellt uns gar der Versuch, den andern zu erkennen, vor unüberwindliche Schranken. Mögen wir dem andern noch so nahe stehen, mögen wir ihn lieben, achten, oder mögen wir seine Gegner sein, wir kennen ihn nie, wie er ist, wir kennen nur Zeichen, die von ihm kommen, Wirkungen, die von ihm ausgehen, Fakten, die sich feststellen, zusammenstellen lassen. Wir erleben den andern, oft eindringlich, manchmal erschütternd, doch unser Wissen über ihn ist grausam begrenzt, grausam begrenzt aber auch die Möglichkeit, ihm zu helfen. Der wirkliche Raum zwischen den Menschen ist unermeßlicher, als wir das wahrhaben wollen, als die Liebe, die Freundschaft, ja die Feindschaft es wahrhaben will. Seinen Weg hat ein jeder selber zu gehen, er wird auf eine Bahn geschleudert, die ihn unweigerlich immer weiter von den andern treibt, in den Tod. (24/121)

Faschismus

Nicht zufällig ist jeder Faschismus mit einer Blut- und-Boden-Literatur verbunden. Was emotional ist, muß auch kultisch sein. Wie wir in der heutigen Zeit eine heiße Kunst, die mehr an das Gefühl appelliert, von einer kalten Kunst unterscheiden, die mehr den Verstand anspricht, so können wir auch von einer heißen und einer kalten Politik reden. Der Faschismus verführt, wie jedes Emotionale, zu einer heißen Politik. Das Individuum wird durch ihn zur Identifikation mit einer emotionalen Realität verlockt, überhaupt werden in ihm alle Emotionen frei, die positiven und die negativen, Liebe, Glaube, Treue, Haß, Aggression usw.; Gefühle, die in Verbindung mit einer rein emotionalen, heißen Politik zerstörerisch, ja selbstmörderisch werden. (27/81)

Freiheit

Da man für unsere Gesellschaftsordnung die Freiheit in Anspruch nimmt, hat man sich auch angewöhnt, von der Freiheit des Schriftstellers zu reden, allgemein wird erleichtert festgestellt, der westliche Schriftsteller sei frei, der östliche dagegen ein Sklave, der zwar gut bezahlt werde, doch nicht schreiben dürfe, was er wolle. Die Freiheit des Geistes ist das Hauptargument gegen den Kommunismus geworden, ein nicht unbedenkliches: Wer nur ein geringes die Entwicklung der Dinge verfolgt, sieht leicht, daß die Russen mehr für den Geist tun als wir, und sei es nur, daß sie sich vorerst mehr um die Volksbildung und um die Wissenschaft bemühen, daß sie hungriger sind als wir: Sie mästen geradezu einen Geist in Ketten, wobei sich die Frage stellt, wie lange die Ketten halten. (26/56)

Friede

Was ist Friede? Vom Kriege aus gesehen – wie man ihn heute leider noch oft betrachtet – etwas Positives, ausschließlich Positives, wie das Land für den Seemann in Seenot. Friede bedeutet dann vor allem Kind in der Wiege, wogende Kornfelder, je nach Politik Glockengeläute von Kirchen oder Gesang im Kolchos. Sieht man jedoch den Frieden nicht vom Kriege her, sondern vom Frieden selber aus, verliert er das positive Vorzeichen, er bekommt aber auch kein negatives. Der Friede ist etwas Inkommensurables. Allein vom Verstand her wäre er leicht zu bewältigen, seine Axiome sind leicht zu finden.

Die ungeheuren Aufgaben, vor denen die Welt steht und die allen sichtbar sind, werden ständig durchkreuzt von Machtfragen, Dogmen, Nationalismen, das politische Denken geht meistens nach. Doch von jedem einzelnen aus gesehen, vom Einzelmenschen aus, nimmt der Friede ein noch anderes Gesicht an, sein wahrstes: er wird zum Alltag, zur Sorge um das tägliche Brot, er wird zur Bühne, auf der sich das menschliche Leben normalerweise abzuspielen hat, als Komödie, als Tragödie, meistens aber als ein recht mäßiges und spannungsloses Drama, bei dem es kein Davonlaufen gibt. (16/178)

Nur im Privaten kann die Welt auch heute noch in Ordnung sein und der Frieden verwirklicht werden. Ein grausamer Satz. Doch geben wir alle die Hoffnung auf einen allgemeinen Frieden nicht auf. Wir fordern nicht viel. Denn seien wir uns im klaren: Der Friede ist nichts als eine Selbstverständlichkeit, die an sich keine Probleme löst. Das ist seine immanente Schwierigkeit. Hier lauert die Gefahr: daß man von ihm zu viel erwartet. (16/179)

Dem Kampf einen Sinn zu geben ist leicht, weil wir uns vorlügen, der Sinn dieses Kämpfens liege im Frieden; mit dieser Lüge legen wir den Sinn in ein Ziel außer uns, wir legen es in unseren Gegner und damit ins Unerreichbare, denn auch wenn wir den Gegner erlegen, steht gegen uns ein neuer Gegner auf, den erlegten zu rächen, den wir, um nicht seiner Rache zu erliegen, wieder erlegen müssen: so schieben wir den Frieden vor uns her, statt ihn zu erreichen. (29/143)

Den Frieden muß man durchmachen, durchhalten, aushalten; ja, in einer ganz bestimmten Weise ist das vielleicht viel schwerer als das Durchmachen eines Krieges. (16/177)

Gedankensplitter

Ein Bettler, der in Not gerät, ist ein Dilettant. (4/24)

Leider ist die Ausbeutung schon lange nicht mehr das alleinige Vorrecht der Kapitalisten. (28/12)

Der Mensch sieht sich immer gewaltiger von Dingen umstellt, die er zwar handhabt, aber nicht mehr begreift. (26/63)

Denken ist halsbrecherisch, falls es seinen Namen verdient. (29/42)

Wer einen Diktator einen Dämon nennt, verehrt ihn heimlich. (28/11)

In Gefängnissen bekommt man nur positive Literatur zu lesen. (27/13)

Nichts kommt die Menschheit teurer zu stehen als eine billige Freiheit. (28/17)

Die Erde ist eine Chance. (12/146)

Bewahrt das Gute, vergeßt das Mittelmäßige und lernt vom Schlechten. (1/19)

Von den Idealen redet man so viel, weil sie nichts kosten. (28/13)

Die Kultur ist keine Ausrede. (28/12)

Die Menschheit hat eine Diät nötig und nicht eine Operation. (28/11)

Neutralität ist eine politische Taktik, keine Moral. (28/62)

Neutralität ist die Kunst, sich möglichst nützlich und möglichst ungefährlich zu verhalten. (28/62)

Es gibt nichts Billigeres als den Pessimismus und nicht leicht etwas Fahrlässigeres als den Optimismus. (28/12)

Was einmal gedacht wurde, kann nicht mehr zurückgenommen werden. (7/85)

Falsche Mythen führen zu einer falschen Politik. (27/13)

Das Schwerste ist: Sich nicht zu rechtfertigen. (27/13)

Das Schicksal, an sich boshaft, liebt Streiche, sein Geschmack ist die Kolportage, nicht Belletristik. (14/129)

Schreiben geht entweder unendlich schnell oder unendlich langsam vor sich. (27/12)

Manche schreiben, als wäre die Literatur eine Grabinschrift. (27/12)

Alle Dilettanten schreiben gern. Darum schreiben einige von ihnen so gut. (27/12)

Sie wiegen sich mit der Literatur in Sicherheit. (27/12)

Viele schreiben nicht mehr, sondern treiben Stil. (27/12)

Wer Stil treibt, vertreibt sich nur die Zeit. (27/12)

Das Beste an der heutigen Weltlage ist noch, daß die Schriftstellerei wieder anfängt, gefährlich zu werden. (28/14)

Wer einen großen Skandal verheimlichen will, inszeniert am besten einen kleinen. (2/16)

Es gibt sowenig einen christlichen Staat, wie es christliche Parteien gibt. (27/27)

Wie der Mensch für seine Taten Begründungen erfindet, erfindet er auch für seine Leiden Trost. (29/182)

Wer die Endzeit erwartet, ist zu ungeheuren Leiden, wer sie herbeiführen will, zu ungeheuren Verbrechen fähig. (29/59)

Man darf nie aufhören, sich die Welt vorzustellen, wie sie am vernünftigsten wäre. (27/13)

Es hat viele entmutigt, daß ein Trottel wie Hitler an die Macht kommen konnte, aber auch einige ermutigt. (28/11)

Turmbau I 1952

Die Welt ist als Problem beinahe und als Konflikt überhaupt nicht zu lösen. (27/13)

Je planmäßiger die Menschen vorgehen, desto wirksamer vermag sie der Zufall zu treffen. (7/91)

Ist Kultur etwas, das man retten kann? (2/33)

Mit den ungeborenen Enkeln pflegt man oft alles zu entschuldigen. (28/13)

Daß man sich auch durch den Tod aus dem Staube machen kann, ist manchmal ungerecht. (28/14)

Geld und Geist

Es gibt Geschäfte, die so beschaffen sind, daß es höchst unmoralisch wäre, sie moralisch zu führen, und andere, die so unmoralisch sind, daß sie nur moralisch geführt werden dürften. Das sind mehr als Nuancen. Diese Unterscheidungen weisen auf Notwendigkeiten hin, die dem Geschäftsleben von seinem Ziele her diktiert werden. Das Ziel eines Geschäfts liegt jedoch in seiner Rentabilität; ein Geschäft zu führen, das nicht rentiert, ist sinnlos. Deshalb muß auch eine Schriftstellerei rentieren. Aber wie? Unter allen Umständen oder unter bestimmten? Versucht man so nicht tiefsinnig, aber wesentlich über Schriftstellerei zu reden, ist es vorerst notwendig, sich über die Art dieses Geschäfts Klarheit zu verschaffen. Hier nun stoßen wir auf eine Schwierigkeit. Ein Bankier weiß oder sollte wissen, was er treibt. Sein Geschäft läßt sich klar umschreiben, ohne daß andere als materielle Werte aufgeboten werden müssen, es zu rechtfertigen. Die Schriftsteller dagegen neigen dazu, ihre Geschäfte und besonders ihre guten als Leistungen darzustellen, von denen gleich das ganze Abendland abhänge, der Geist muß her als Ausrede dafür, ein Geschäft erstrebt oder gemacht zu haben, sie tun so, als ob vom Geiste her gesehen die Frage nach der geschäftlichen Seite von vorneherein unerheblich sei. Es findet so ein unmoralischer Wettbewerb statt, der nur deshalb nicht verpönt ist, weil in unserer Welt immer mehr auch die übrigen Geschäftsleute, besonders die Bankiers und die Politiker, dazu übergegangen sind, den Geist als Ausrede zu benutzen. Man macht in Geist, die Geschäfte stellen sich en passant ein. Die erste Frage lautet daher, ob der Schriftsteller da mitmache, ob er sich als Geist mit Sondererlaubnissen in Extraposition betrachte oder als ehrlichen Geschäftsmann. Es ist eine Gewissensfrage, wenn nicht *die* Gewissensfrage. Schätzt sich der Schriftsteller als ein erhabenes Wesen ein, wertet er sich zum Dichter auf, so muß er die Frage nach seinem Geschäft als frivol bezeichnen, nicht einen Beruf ausüben, sondern als Berufener auftreten. Das tun denn auch viele und oft hemmungsloser, als man das für möglich hielte. Sie sind in relativer Sicherheit. Geistliche und Dichter fragt man nicht nach ihren Geschäften, die wickelt der Himmel ab. Reiht sich jedoch der Schriftsteller ein, zählt er sich zu den

Geschäftsleuten, so kann er immer noch danach trachten, der Prostitution zu entgehen, für Geist Geld zu nehmen: indem er sich nämlich entschlossen weigert, geistige Werte zu liefern, indem er Stoffe, aber keinen Trost fabriziert, Sprengstoff, aber keine Tranquillizer. Auf die Ware kommt es an. (24/87)

Gerechtigkeit und Recht

Wollen wir eine gerechte Gesellschaftsordnung konstruieren, gibt es vom Material Mensch her, das uns zum Bau zur Verfügung steht, zwei Konstruktionsmöglichkeiten. Wir können vom besonderen Begriff des Menschen ausgehen, vom Individuum, oder vom allgemeinen Begriff des Menschen, von der Gesellschaft. Wir müssen wählen. Doch bevor wir wählen, müssen wir uns über die Gerechtigkeit klar werden, die wir durch eine Gesellschaftsordnung verwirklichen können. Doch wie der Mensch zwei Begriffe von sich aufstellt, besitzt er auch zwei Ideen von der Gerechtigkeit.

Das Recht des Einzelnen besteht darin, er selbst zu sein: dieses Recht nennen wir Freiheit. Sie ist der besondere Begriff der Gerechtigkeit, den ein jeder von sich macht, die existentielle Idee der Gerechtigkeit.

Das Recht der Gesellschaft besteht dagegen darin, die Freiheit eines jeden einzelnen zu garantieren, was sie nur vermag, wenn sie die Freiheit eines jeden einzelnen beschränkt. Dieses Recht nennen wir

Gerechtigkeit, sie ist der allgemeine Begriff der Gerechtigkeit, eine logische Idee. Die Freiheit und die Gerechtigkeit stellen die beiden Ideen dar, mit denen die Politik operiert, durch die sie den Menschen insoweit in den Griff bekommt, als sie beide Ideen berücksichtigt. Läßt die Politik eine der Ideen fallen, wird sie fragwürdig. Ohne Freiheit wird sie unmenschlich und ohne Gerechtigkeit ebenfalls. Dennoch ist die Beziehung der Freiheit zur Gerechtigkeit problematisch. Eine allgemeine Phrase definiert die Politik als die Kunst des Möglichen; sieht man jedoch genauer hin, erweist sie sich als die Kunst des Unmöglichen. Die Freiheit und die Gerechtigkeit bedingen einander nur scheinbar. Die existentielle Idee der Freiheit steht auf einer anderen Ebene als die logische Idee der Gerechtigkeit. Eine existentielle Idee ist emotional gegeben, eine logische Idee konzipiert. Es läßt sich eine Welt der absoluten Freiheit denken und eine Welt der absoluten Gerechtigkeit. Diese beiden Welten würden sich nicht decken, sondern einander widersprechen. Beide würden zwar eine Hölle darstellen, die Welt der absoluten Freiheit einen Dschungel, wo der Mensch wie ein Wild gejagt, die Welt der absoluten Gerechtigkeit ein Gefängnis, wo der Mensch zu Tode gefoltert wird. Die unmögliche Kunst der

Politik besteht darin, die emotionale Idee der Freiheit mit der konzipierten Idee der Gerechtigkeit zu versöhnen; das ist nur auf der Ebene des Moralischen möglich und nicht auf der Ebene des Logischen. Anders gesagt: Die Politik vermag nie eine reine Wissenschaft zu sein. (27/57)

Gesellschaft

Eine Gesellschaft, die nur noch Waren und keine Werte mehr zu produzieren weiß, wirkt unglaubwürdig, appelliert sie an Werte. Das gilt heute für West und Ost. Die Ideologien sind hier wie dort zusammengebrochen, nicht nur durch das, was sie verkünden, vor allem durch die, die sie verkünden. Daß die gängigen Ideologien vor den neuen Gesellschaftsstrukturen versagen, ist evident, daß jene, die diese Ideologien immer noch zu verkünden wagen, sie nur noch als Ausreden benutzen, leuchtet ebenso ein.

Wo nur noch Waren und Märkte sind, wird der Staat zur Verwaltungsmaschinerie und die Universität zu einem Ort, Wissenschaft und Technik zu lehren. Doch je verzweifelter der Staat noch ein Vaterland und die Hochschule noch Universität sein möchten, desto instinktiver setzen sie sich dagegen zur Wehr, daß man nach ihrem Funktionieren frage, sie verlangen Glauben. Damit werden sie ebenso unglaubhaft wie die Gesellschaft, die sich ihrer bedient. (28/44)

Es gibt keine gerechte Gesellschaftsordnung, weil der Mensch, sucht er Gerechtigkeit, mit Recht jede Gesellschaftsordnung als ungerecht, und sucht er Freiheit, mit Recht jede Gesellschaftsordnung als unfrei empfinden muß.

Logisch scheint es nur eine Möglichkeit zu geben. Stellt sich heraus, daß in beiden Spielen eine Institution als der große Gewinner auftritt und dadurch der Mensch unter die Herrschaft von Menschen gerät, die diese Institution handhaben, so bleibt uns nichts anderes übrig, als den existentiellen Begriff des Menschen, der nicht regiert werden kann, von seinem logischen Begriff, der bestimmbar ist, zu trennen und den bestimmbaren Teil durch Computer zu regieren. (27/86)

Glaube

Es gibt Augenblicke, da ich zu glauben vermag, und es gibt Augenblicke, da ich zweifeln muß. Das Schlimmste, glaube ich, ist, glauben zu wollen, was es nun sei, was man glauben will, sei es das Christentum oder irgendeine Ideologie. Denn wer glauben will, muß seine Zweifel unterdrücken, und wer seine Zweifel unterdrückt, muß sich belügen. Und nur wer seine Zweifel nicht unterdrückt, ist imstande, sich selbst zu bezweifeln, ohne zu verzweifeln, denn wer glauben will, verzweifelt, wenn er plötzlich nicht glauben kann. Aber wer sich bezweifelt, ohne zu verzweifeln, ist vielleicht auf dem Wege zum Glauben. Ohne ihn vielleicht je zu erreichen. Was für ein Glaube es jedoch ist, dem so einer entgegengeht, ist seine Sache. Es ist sein Geheimnis, das er mit sich nimmt, denn jedes Glaubensbekenntnis ist unbeweisbar, und was nicht bewiesen werden kann, soll man für sich behalten. (14/326)

Gott

Gibt es einen Gott, über dessen Existenz kein Mensch zu entscheiden vermag, so ist der Zweifel an seiner Existenz nichts als der von Gott gewählte Schleier, den er vor sein Antlitz senkt, seine Existenz zu verbergen; gibt es ihn nicht, so sind die Worte, mit denen wir über ihn spekulieren, in den Wind gesprochen, der sie davonträgt wie alle menschlichen Worte. (29/15)

Gott liegt gänzlich außerhalb jeder Rede, jeder Sprache, seine offenbarten Worte, unabhängig vom Glauben an sie und an ihn, auch wenn wir ihn nur fingieren als Wesen außerhalb der Welt, dringen in unsere Wortsphäre von außen, wie Meteore in die Erdatmosphäre, vom gänzlich Sprachlosen und Begriffslosen her: eine bedeutendere Sprachkonzeption, eine gewagtere Fiktion kann es nicht geben, ob es eine ›wahre‹ Konzeption ist, bleibt unbeweisbar, aber auch im Bereich des Logischen unwesentlich, der menschliche Geist verhält sich konzipierend, nicht ›wahr‹, er dringt in die ›Wahrheit‹ vermittels Konzeptionen, er ist nicht identisch mit der Wahrheit. »Gott ist tot« ist ein ebenso nebensächlicher Satz wie »Die Null ist tot«. Die ›Wirklichkeit‹ hat weder einen Gott noch die Null nötig, ebensowenig wie der Sternenhimmel die Teleskope. (29/105)

Humor

Und so komme ich mir denn vor wie einer, der sein Haus gegen Osten zu verließ und, seine Richtung stur einhaltend, alle nur denkbaren Verkehrsmittel benutzend, sein Haus plötzlich von Westen her kommend wiederfindet. Trat er aus der Vordertür hinaus, steht er nun vor der Hintertür und trifft die alten Fragmente, all das Halbbegonnene, Liegengelassene, ja nur Gedachte wieder an, das er einmal zur Hintertür hinauswarf, in der Meinung, es sei dann aus dem Wege geschafft.

Doch fragt mich nun einer, wozu denn diese Reise, so antworte ich, des Reisens wegen; und fragt er, was ist dein Standpunkt, so antworte ich, der eines Reisenden; fragt er unerbittlicher, deinen politischen Standpunkt will ich wissen, antworte ich, von Fall zu Fall, in der Sowjetunion, halte ich mich dort auf, bin ich Antikommunist, in Indien oder Chile, wäre ich dorthin verschlagen, Kommunist usw.

Leuchtet dir Gott ein? schreit er von irgendwoher zwischen mir und der Türe, aus der ich ging. Er hat mich nicht erleuchtet, daß er mir einleuchtet, antworte ich und schreite in die immer schwärzere Dunkelheit, in die immer gewaltigere Finsternis. Also glaubst du nicht an Gott, schreit er, endlich habe ich dich festgenagelt. Warum wirst du denn gleich so verdammt theologisch, schreie ich noch, bevor ich endgültig in die Nacht entweiche, stur geradeaus. Du gehst schon wieder auf Reisen, schreit er mir, glaube ich, nach, höhnisch, aus Leibeskräften, obgleich ich für ihn längst nicht mehr auszumachen bin, und ich antworte, und es ist unwahrscheinlich, daß er mich durch die unendliche Schwärze zwischen sich und mir, zwischen Mensch und Mensch, noch versteht, während ich im Ungewissen, Weltweiten, nur Ahnbaren den ersten unwirklichen Lichtschimmer errate, mein Ziel, das ich anstrebe, den Ausgangspunkt meiner Reise, den ich eben verlassen habe, die Hintertür mit dem Gerümpel davor, den Rücken des Fragenden endlich, durch die Vordertür sichtbar, in der Nacht stehend, in der er mich zu erspähen sucht, vergeblich, da ich mich, indem ich mich ihm nähere, immer mehr von ihm entferne: Ich habe nur wieder eine Geschichte erzählt. Und während ich weiterlaufe, immer weiter, fragt einer plötzlich, einer neben mir, einer, an dem ich auf meinen

Wanderungen stets vorbeigelaufen bin und den ich doch anreden wollte, ein Schauspieler: Na schön, aber wie soll man das Ganze denn spielen? Und ich antworte, während mich die Nacht verschluckt, wie sie alle verschluckte, alle, alle: Mit Humor! (14/324)

Ideologien

Ideologien sind Ausreden, an der Macht zu bleiben, oder Vorwände, an die Macht zu kommen. Aber die Macht kann nur mit den Mitteln der Macht behauptet oder erobert werden: Mit der Gewalt. So rechtfertigen die Ideologen nicht nur die Macht, sie verklären auch die Gewalt, mit deren Opfern sie nachträglich wie Beerdigungsinstitute verfahren: Sie richten her, was sie hingerichtet haben. (27/64)

Institution

Die Bewegung eines einzelnen Atoms ist unberechenbar. Sterne sind zu berechnen, sie sind Institutionen von Atomen. Diese Institutionen sind Gesetzen unterworfen, welche die Atome notwendigerweise deformieren. Ebenso notwendigerweise deformieren die Institutionen der Menschen den Menschen. (S/113)

Kapitalismus und Sozialismus

Wenn es heute notwendigerweise darum geht, den Kapitalismus zu überwinden, so müssen wir uns klar darüber sein, daß der Kapitalismus ursprünglich kein System darstellt, sondern eine Ordnung – wenn auch eine jetzt ausgespielte –, die darum, weil sie ausgespielt hat, dazu neigt, abstrakte Systeme zu erzeugen; und daß es darum geht, diese alte, zum System gewordene Ordnung nicht durch ein weiteres System, sondern durch eine neue Ordnung zu ersetzen, daß nur der Sozialismus den Staat als Demokratie und nicht als System weiterzuentwickeln vermag, als Demokratisierung der Demokratie; und schließlich, konkreter vielleicht, daß wir heute vor der politischen Aufgabe stehen, den Staat als Individualität zu erhalten und ihn nicht zum System zu erniedrigen. (S/337)

Klassen

Das Genie Marx kam auf den Begriff der Klassen. Die Menschheit zerfällt in zwei Klassen: in eine ausbeutende und in eine ausgebeutete. Die ausbeutende Klasse repräsentiert den Menschen vom Einzelnen her gesehen als eine freie, aber ungerechte Wolfsgemeinschaft, die ausgebeutete Klasse stellt die Menschheit vom Allgemeinen her dar, als unfrei und ungerecht behandelt, wobei der Grund dieser Ausbeutung in der ausbeutenden Klasse liegt. Dadurch, daß die ausgebeutete Klasse gleichsam als Passivum erscheint, wird sie, wenn auch nicht zu einem intimen *Wir,* doch zu einem allgemeineren *Uns,* mit dem sich alle unfreien und ungerecht behandelten Menschen zu identifizieren vermögen. (27/83)

Klassiker

Es geschieht nicht aus Respektlosigkeit, wenn ich es unterlasse, Schiller ins Absolute, Endgültige, Vorbildliche aufzublähen, überhaupt mich so aufzuführen, als wären die Klassiker die heiligsten Güter der Nation, nicht weil ich die Klassiker für kein Gut halte, sondern weil ich den Nationen in dieser Sache mißtraue. Für den tätigen Schriftsteller jedoch kann nur ein menschliches Verhältnis zu den Klassikern von Nutzen sein. Er will keine Götzen in ihnen sehen, keine unerreichbaren Vorbilder, sondern Freunde, Anreger, Gesprächspartner; oder auch, mit der gleichen Legitimität, Feinde, Schöpfer von oft langweiligen Romanen und pathetischen Theaterstücken. Er will sich ihnen nähern und sich wieder von ihnen entfernen, ja, schreibt er, sie vergessen dürfen, weil, und auch dies ist legitim, ihn im Zustande des Schreibens, des Planens und Ausführens eigentlich stört, daß schon andere vor ihm und *wie* geschrieben haben, denn jedes Produzieren ist an einen gewissen momentanen Größenwahn gebunden. (26/83)

Schiller und Brecht

Als Dramatiker ist Schiller vielleicht ein Verhängnis des deutschen Theaters, will man ihn als Lehrmeister einsetzen. Seine Regeln und Kniffe leben möglicherweise nur durch ihn, schon bei Grillparzer und Hebbel wird alles zweifelhafter, gut für Studenten der Germanistik, bei Schiller ist offenbar nichts zu lernen, er ist wahrscheinlich der Unwiederholbarste, ein Sonderfall, totgepriesen und mit Vorurteilen über ihn behaftet, dies sei alles dahingestellt und nicht näher untersucht, es ist unwichtig: Was bleibt, ist ein mächtiger Impuls, eine reine Kraft, ein einmaliges Wagnis, nichts für große Zeiten, aber für schwere. Er wurde durch die geschichtlichen Umstände gezwungen, eine Welt zu akzeptieren, die er verurteilte (Brecht in Ostberlin mußte verurteilen, was er akzeptiert hatte, das Schicksal jedes echten Revolutionärs). Er griff nicht an, sondern versuchte, die Freiheit des Menschen unangreifbar zu machen. Die Revolution war für ihn sinnlos, weil er die Freiheit tiefer durchdachte als sie. Er versuchte nicht, die Verhältnisse zu ändern, um den Menschen zu befreien, er hoffte, den Menschen für die Freiheit zu ändern. Er wies seiner Nation das Reich des Geistes zu, aus welchem sie freilich bald emigrierte. Er teilte, wie die Götter Griechenlands, die Welt. Im Reiche der Natur herrscht die Notwendigkeit, die Freiheit im Reiche der Vernunft, dem Leben steht der Geist gegenüber. Die Freiheit wird nicht durch die Politik realisiert, nicht durch Revolutionen erzielt, sie ist als die Grundbedingung des Menschen immer vorhanden, und wäre der Mensch in Ketten geboren. Sie manifestiert sich nur in der Kunst rein, das Leben kennt keine Freiheit. Das größte Übel ist nicht die Knechtschaft, sondern die Schuld, die Revolution ersetzt die Knechtschaft durch die Schuld: Ihr wird der Aufstand der Eidgenossenschaft entgegengehalten, die Erhebung eines einfachen Naturvolkes der Hirten, die wir Schweizer angeblich einmal waren. Das Ideal der Freiheit läßt sich nur in einer naiven Welt verwirklichen, in der Welt der Unnatur wird die Freiheit etwas Tragisches. Sie läßt sich nur noch durch das Opfer vollziehen. In Schillers Dramen offenbart sich eine unbedingte Welt, gefügt aus ehernen Gesetzen, zwischen deren Schwungrädern der Weg der Freiheit schmal und streng verläuft.

Wenn wir es wagen, diese Welt zu denken, müssen wir sie ebenso ablehnen, wie wir dies mit jener Brechts meistens tun. Ahnen wir in der einen unseren Untergang, wittern wir in der andern unsere Unterdrückung, so lassen wir sie denn beide lieber als eine poetische Welt gelten, die wir genießen. Denn wir fordern die Freiheit an sich, ohne Rücksicht auf unsere Schuld, wir berechtigen Brecht, indem wir nicht vor Schiller bestehen: Beide Dichter sind unsere Richter, aber wir kümmern uns nicht um ihr Urteil, wir bewundern den Stil, in welchem sie es niedergeschrieben haben. (26/97)

Schiller und Goethe

Wie der Verstand bei Kant vom Subjekte her die Erscheinungsformen der Welt leiht, so muß bei Schiller der Dichter aus seiner Idee die Welt neuschöpfen, darstellen, zu erzielen suchen. Doch ist diesem Vorgehen eine unerbittliche Grenze gesetzt, das Denken dringt nie zur Wirklichkeit, sondern nur, wie Schiller sich ausdrückt, zum Gesetz, zu den Symbolen, zu den Typen. In dieser Fähigkeit, von seinen Grenzen zu wissen, liegt vielleicht seine größte Bedeutung. Er dachte streng und unbedingt, aber machte Halt, wo Halt zu machen war, er kannte vor allem sich selber, er war sein größter Kritiker, begriff sich schärfer als seine Bewunderer. Nur so begriffen, ›erkenntniskritisch‹, sind seine Kompromisse keine faulen, sein Idealismus nicht weltfremd, sein Denken nicht nur abstrakt. Schiller bewältigte die Realität, in die er sich gestellt sah. Seine Freundschaft mit Goethe ist wie ein Werk der praktischen Vernunft, die berühmte Definition, die Goethes und Schillers Schaffen voneinander abgrenzt und doch beides voneinander abhängig macht, philosophisch und diplomatisch zugleich, ein denkerischer Kompromiß dem Leben zuliebe, eine Formel, die Freundschaft ermöglicht. Er wußte genau, was er unternahm. Das Phänomen Goethe widerlegt im tiefsten Schillers Konzeption, mit dem Begriff des Naiven ist Goethe nicht zu erklären, denkerische und künstlerische Möglichkeiten tauchen auf, die sich Schiller verbaut hatte, Schiller begann, den Bau wieder niederzureißen. Reines Denken setzt sich nicht um, der Denker, der sich aufzugeben wagt, findet die Gestalt, denkt sich erst so zu Ende.

Von da an wagte Schiller aufs neue zu handeln, anders zu handeln. Er ließ die Philosophie fallen und schrieb seine klassischen Werke. Er zerbrach das Gesetz, das er sich einst selber gab, er löste sich von seiner Zeit, indem er ins dichterische Drama vorzustoßen suchte. Doch auch als Handelnder bleibt ihm das Schicksal seiner Natur, das er als Denker auf sich nahm: vom Denken zu den Dingen zu wollen, sie nie zu erreichen. Nur so können wir sein Pathos, seine Rhetorik als etwas Einmaliges erkennen, nicht als etwas Hohles, Übertriebenes, wie es oft scheint, scheinen muß, sondern als ein ungeheures Gefälle vom Denken zur Welt hin, als die Leidenschaft der Denkkraft selbst, die überzeugen will, ohne die Klarheit zu verlieren, die das Differenzierteste im Einfachen verkörpern will. Populär, ist er dennoch der schwierigste, der unzugänglichste, der widersprüchlichste der Dramatiker. Keiner ist so schwer zu bewerten wie er, keiner so schwer anzusiedeln, bei keinem liegen die Fehler so sichtbar wie bei ihm, und bei keinem sind sie so unwesentlich, er wächst, indem man sich mit ihm beschäftigt, vom Fernen ins Nahe. (26/99)

Koexistenz

Wir müssen uns mit der kommunistischen Welt und mit ihrer Evolution abfinden und auch damit, daß es in der freien Welt, wie wir sie nennen, schlimmere Regierungsformen gibt als ein kommunistisches System. Was gegen den Kommunismus ist, ist noch lange nicht für die Freiheit. Der Kommunismus ist nicht das Schlimmste, er bedeutet für viele Länder einen wirklichen Fortschritt, wenn auch nicht für alle. Wir müssen uns mit dem Kommunismus nicht momentan, sondern dauernd auseinandersetzen. Koexistenz ist deshalb keine List, sondern eine Notwendigkeit. Was wir als List anschauen, sind nur die ideologischen Ausreden der Kommunisten, mit denen sie ihre Koexistenz zu verbrämen suchen, auch wir handeln nicht anders: Wir koexistieren, indem wir mit dem Osten Handel treiben. Auch wir beteuern gleichzeitig unseren Antikommunismus, um uns ideologisch zu beschwichtigen, als Freipaß für unseren Handel fordern wir gleichsam ein handfestes, demokratisches Lippenbekenntnis. (28/65)

Kommunismus

Wir müssen uns mit ihm auseinandersetzen. Als Gespenst unserer Furcht hat uns der Kommunismus längst gelähmt, wir sind in Schrecken erstarrt, so wie wir als Gespenst seiner Furcht ihn längst gelähmt haben. Versteinert sind wir beide. Was aber von seiner Seite aus natürlich ist, weil er doch eine Ideologie darstellt, die an sich aus ihrer Natur heraus zu keinem Dialog fähig sein kann, ist von unserer Seite unnatürlich. Wir können mit dem Kommunismus einen echten Dialog führen, er nicht mit uns. Wir können ihn überwinden, indem wir ihn furchtlos betrachten, immer aufs neue durchdenken, seine Wahrheit von seinem Irrtum scheiden; er vermag weder uns noch sich selber furchtlos zu betrachten. Wir müssen tun, was der Kommunismus versäumt, sonst erstarren wir wie er in einer Ideologie. (26/93)

Krieg

Selbst der Krieg wird abhängig davon, ob die Elektronen-Hirne sein Rentieren voraussagen, doch wird dies nie der Fall sein, weil man weiß, gesetzt die Rechenmaschinen funktionieren, daß nur noch Niederlagen mathematisch denkbar sind: wehe nur, wenn Fälschungen stattfinden, verbotene Eingriffe in die künstlichen Hirne, doch auch dies wäre weniger peinlich als die Möglichkeit, daß eine Schraube sich lockert, eine Spule in Unordnung gerät, ein Taster falsch reagiert; Weltuntergang aus technischem Kurzschluß, Fehlschaltung. So droht kein Gott mehr, keine Gerechtigkeit, kein Fatum wie in der fünften Symphonie, sondern Verkehrsunfälle, Deichbrüche infolge Fehlkonstruktion, Explosion einer Atombombenfabrik, hervorgerufen durch einen zerstreuten Laboranten, falsch eingestellte Brutmaschinen. In diese Welt der Pannen führt unser Weg. (20/39)

Das Tier 1949

Kritik

Ein bloßes Lob oder ein Verriß stellen noch keine Kritik dar, sie sollte auch begründet sein. Man staunt, wie selten, oft gerade berühmte, Kritiker zu begründen wissen. Sie schreiben nur gut. Es steckt hinter ihrer Kritik nichts als ihre kulinarischen Vorurteile. Sie lieben die französische Küche oder deutsche Hausmannskost, ziehen russischen Salat vor oder amerikanische Konserven. Ihre Kritik ist ein Spiegel ihrer Persönlichkeit und nicht des Kritisierten. Ihre Begründungen sind glänzend polierte Geschosse, die sie abfeuern, ohne zu zielen, und die nur in der Einbildung des Publikums treffen. (25/92)

Das Wesen der Kritik liegt nun einmal darin, daß sie begründete Urteile über eine Sache abzugeben hat. Nachdenken wird leider zur Pflicht. Eine gewisse intellektuelle Anstrengung ist für den Kritiker obligatorisch. Der Autor muß ernst genommen werden, damit er beim Wort genommen werden kann. Der Kritiker muß sich unerbittlich einer Methode unterwerfen, auch wenn sie unbequem ist. Er muß das Spiel des Autors gleichsam nachspielen. Nur so lassen sich die Spielzüge des Autors auch überdenken, nur so können sie als falsch oder als richtig erkannt werden. Der Kritiker hat seine Autorität von Fall zu Fall zu beweisen, er steht unter dem Gesetz seines Berufs. Das ehrliche und notwendige Duell zwischen dem Kritiker und dem Autor hat sich auf dem Felde abzuspielen, das durch das Stück abgesteckt ist, um das es geht, sonst wird Kritik dilettantisch. (6/161)

Kunst

Daß Kunst ohne Objekt, daß ihr Ziel in ihr und nicht außer ihr zu suchen sei, ist eine unmögliche Forderung, liegt doch ihr Wert nicht in ihrem Ziel, sondern stets im Wagnis, ihr Ziel, die Objekte, die Welt zu erobern: Im Weg, nicht im Ausgangspunkt oder in der Ankunft, durchaus in ihrem Gefälle, so wie ein Fluß nur dadurch ist, weil er fließt, noch besser, so wie der Sinn der Schiffahrt, ihr Wesen, darin besteht, in See nach einem fremden Hafen zu stechen, und nicht in den Regeln, auf festem Land eine Galeere zu bauen oder auf einer fernen Insel einzukaufen. Die Kunst der Navigation, des Steuerns, macht sie groß oder gering. Dies ist das Abenteuer, das ihr aufgegeben worden ist und das zu bestehen ihre Würde ausmacht. Kunst ist Welteroberung, weil Darstellen ein Erobern ist und nicht ein Abbilden, ein Überwinden von Distanzen durch die Phantasie. (Es gibt keine andere Überwindung von Distanzen, keine andere Fahrt zum Mond, genauer, zur Beteigeuze oder zum Antares, noch exakter: keine andere Überwindung des Abgrunds zwischen den Dingen als durch die Phantasie.) Kunst ist Mut, dies immer wieder zu tun, Beharrlichkeit, nicht abzulassen, Ursprünglichkeit, zu sehen, daß die Welt immer von neuem entdeckt und erobert werden muß. Denn nur dann ist unser Dasein eine Gnade oder ein Fluch und nicht bloß eine mechanische Existenz, wenn wir in ihm die Welt in *jedem* Augenblick gewinnen oder verlieren können. Die Krise der Kunst kann nur darin liegen, daß die Meinung aufkommt – und in welcher Zeit kommt sie nicht auf –, die Welt sei schon entdeckt oder erobert, wenn statt dessen aus der Kunst etwas Statistisches wird, etwa eine Bestandesaufnahme, oder etwas Erklärendes, etwa eine Illustration, oder gar etwas Nützliches, gut für trauliche Stunden am Kamin, zur Verführung einer Frau, zur Verschönerung einer Augustfeier oder zur Bekränzung eines Weltmetzgers. (26/147)

Eine rein bewußte Kunst gibt es ebensowenig wie eine rein instinktive. (24/126)

Die Frage ist, ob eine Kunst, die einmal stimmte, auch heute noch möglich ist. Die Kunst ist nie wiederholbar, wäre sie es, wäre es töricht, nun nicht einfach mit den Regeln Schillers zu schreiben. (24/59)

Kunst und Wirklichkeit

1 Jedes Kunstwerk stellt einen Aspekt der Wirklichkeit dar.

2 Die Wirklichkeit ist das Objektive, das Darstellen und der Aspekt sind das Subjektive.

3 Jedes Kunstwerk stellt auf eine subjektive Weise einen subjektiven Aspekt der Wirklichkeit dar.

4 Könnte ein Kunstwerk die Wirklichkeit abbilden, wäre es objektiv (als etwas Passives), weil ein Kunstwerk die Wirklichkeit nur darstellen kann, ist es subjektiv (als etwas Aktives).

5 Jedes Kunstwerk ist subjektiv.

6 Die Wirklichkeit, die ein Kunstwerk darstellt, ist eine ›subjektive Wirklichkeit‹.

7 Jede ›subjektive Wirklichkeit‹ ist in der Wirklichkeit enthalten.

8 Es ist unmöglich, daß ein Kunstwerk aus der Wirklichkeit fällt.

9 Die Aufgabe der Gesellschaft ist es, ihre Wirklichkeit im Kunstwerk zu entdecken.

10 Die Wirklichkeit der Gesellschaft ist die politische Struktur, in der sie lebt.

11 Jede politische Struktur läßt sich von zwei Seiten aus darstellen: von jener der Mächtigen und von jener der Ohnmächtigen aus.

12 Die Furcht vor dem Kunstwerk ist bei den Mächtigen eine doppelte: daß die Ohnmächtigen entweder in ihm ihre Beherrscher oder in ihm sich selber als Beherrschte entdecken.

13 Jedes Kunstwerk kann politisch wirksam werden: Es kann sich in ein politisches Gleichnis verwandeln.

14 Im Erleben eines Kunstwerks als politisches Gleichnis wird jenes für den, der es erlebt, mit der politischen Wirklichkeit gleichgesetzt.

15 Ob und wie ein Kunstwerk politisch wirksam wird, hängt von der Gesellschaft ab.

16 Ob und wie ein Kunstwerk politisch wirksam wird, ist nicht vorauszubestimmen.

17 Je unabsichtlicher ein Kunstwerk politisch wirksam wird, desto stärker wirkt es politisch.

18 Absichtlich politische Kunst wird am leichtesten politisch wirkungslos.

19 Ein Schrei ist kein Gedicht.

20 Jedes Kunstwerk braucht zu seinem Inhalt Distanz.

21 Ist sein Inhalt Empörung, ist seine Distanz Versöhnung.

22 Ist sein Inhalt Versöhnung, ist seine Distanz Empörung.

23 Ist sein Inhalt Trauer, ist seine Distanz Trost.

24 Ist sein Inhalt Trost, ist seine Distanz Trauer.

25 Ist sein Inhalt eine Tragödie, ist seine Distanz die Komödie.

26 Ist sein Inhalt eine Komödie, ist seine Distanz die Tragödie.

27 Ist sein Inhalt Verzweiflung, ist seine Distanz Glück.

28 Die Verzweiflung kennt keine Distanz.

29 Es gibt kein verzweifeltes Kunstwerk.

30 Distanz wird durch den Humor möglich.

31 Der Humor ist die Maske der Weisheit.

32 Maskenlos ist die Weisheit unerbittlich.

33 Der Humor macht das Unerbittliche erträglich.

34 Das unerbittlich Unerträgliche ist nicht weise.

35 Für die Kunst gibt es nur Menschen.

36 Für die Politik gibt es nur die Menschheit.

37 Nur Menschen können glücklich sein.

38 Die Menschheit kann sowenig wie eine Zahl oder eine Gerade glücklich sein.

39 Das Ziel der Politik vermag nur etwas Selbstverständliches, nie das Glück zu sein.

40 Wer in der Politik das Glück sucht, will herrschen.

41 Für den Zustand der Menschheit, wie er selbstverständlich sein sollte, ist eine Wissenschaft denkbar.

42 Eine Ideologie ist keine Wissenschaft.

43 Das Selbstverständliche ist die denkbar vernünftigste Struktur, in welcher die Menschen zusammen leben sollten.

44 Es sind zwei Strukturen wissenschaftlich denkbar: eine, die durch Naturgesetze, und eine andere, die durch Regeln bestimmt wird.

45 Welche der beiden Strukturen die Menschen wählen werden, hängt vom Grade ihrer Rationalität ab. Je irrationaler der Mensch ist, desto mehr neigt er einer naturgesetzlichen Struktur zu.

46 Die Menschen neigen dazu, eine naturgesetzliche Struktur anzunehmen.

47 Die Katastrophen werden immer größer, die Verbrechen immer schrecklicher und die Gesetze immer drakonischer.

48 Bei keinem der beiden Systeme ist das Glück des Menschen garantiert.

49 Wer Ideologien zerstört, zerstört Rechtfertigungen von Gewalt.

50 Gewalt widerlegt nicht Gewalt, sie ersetzt im besten Falle eine Gewalt durch eine andere.

51 Die Politik erlaubt fragwürdige Prognosen.

52 Optimismus und Pessimismus sind fragwürdige Prognosen.

53 Ein Kunstwerk kennt keine fragwürdigen Prognosen.

54 Wo der Mensch mit der Menschheit eins wird: in der einzigen sicheren Prognose: im Tod.

55 Jedes Kunstwerk ist apokalyptisch. (28/157)

Liebe

Die Liebe wird zum hoffnungslosen Versuch, sich selbst zu entkommen, sich in einem anderen zu sehen. So hat denn jede Liebesgeschichte, auch die erhabenste, auch die gewöhnlichste, auch die groteskeste, auch die jämmerlichste, etwas Grandioses und Banales zugleich und ist um so trauriger, je banaler sie endet, auch wenn jedermann aufatmet, daß der gute Mann oder die gute Frau oder das gute Mädchen aus ihrer unglücklichen Liebe davongekommen sind: auch wenn die Liebe unglücklich war, war sie eben doch eine Liebe. Der Umstand, daß jede Liebe eine Prüfung vor sich selbst ist, wechselseitig, bei der die Beteiligten durchfallen oder, wenn sie nicht durchfallen, die sie doch nur mit Mühe bestehen, mit Glanz nur die Heiligen, ist nun einmal das Genierlichste und das Beste, was sich vom Menschen sagen läßt: daß der Mensch die Liebe überhaupt wagt, ist sein paradoxer Ruhm. (14/138)

Die Liebe ist ein Wunder, das immer wieder möglich, das Böse eine Tatsache, die immer vorhanden ist. Die Gerechtigkeit verdammt das Böse, die Hoffnung will bessern, und die Liebe übersieht. Nur sie ist imstande, die Gnade anzunehmen, wie sie ist. Es gibt nichts Schwereres, ich weiß es. Die Welt ist schrecklich und sinnlos. Die Hoffnung, ein Sinn sei hinter all dem Unsinn, hinter all diesen Schrecken, vermögen nur jene zu bewahren, die dennoch lieben. (21/149)

Literatur

Als Schriftsteller mache ich zwar Literatur, aber kenne mich immer weniger darin aus; besonders über die Wissenschaft, die sich mit Literatur abgibt, bin ich nur vage orientiert. Soviel ich sehe, hat sie sich einerseits zu einer solchen Erhabenheit und Selbständigkeit entwickelt, daß sie eigentlich mit zwei bis vier Klassikern auskommt, neue Literatur stört eigentlich. Gewiß, man ist wohlwollend dem Unwesentlichen gegenüber, aber der Riesendom der Literatur ist errichtet und vollendet. Dieser Literaturkirche steht anderes, mehr Sektenhaftes gegenüber, das Blickfeld reicht von Benn bis Ionesco; in diesen Geheimbünden ist der moderne Mensch schon überwunden. Doch auch in diesen Kreisen scheint mir die Literaturwissenschaft größer als die Schriftstellerei geworden zu sein, die ihr zugrunde liegt, ja, ich möchte eigentlich vorschlagen, wäre ich Literaturkritiker, die Literatur endlich fallen zu lassen, um zur Literaturwissenschaft an sich zu kommen. Jener Weise, der nach der Lektüre des Telephonbuches ausrief »Die Handlung ist zwar gleich null, aber, Junge, welch Personenverzeichnis!« scheint mir symptomatisch. (26/75)

Die Meinung, Literatur entstehe aus Literatur, ist unausrottbar. Begreiflicherweise. Die Literatur als ein Geschehen zu sehen, das sich nach immanenten Gesetzen entwickelt, in welchem ein Stil den andern hervorbringt und ein Dichter den anderen, hat viel Bestechendes. Diese Annahme mag denn auch für die Literaturwissenschaft notwendig sein – und sei es nur als Arbeitshypothese –, der Schriftsteller geht ihr aus dem Weg. Er fühlt sich nicht als Resultat einer historischen Entwicklung. Er steht in der Literatur und nicht ihr gegenüber. Er ist weniger ein Erkennender als ein Handelnder. Er muß die Literatur vergessen, soll sie ihn nicht lähmen. Sein Vorrecht ist Ungerechtigkeit den Vorfahren und den Kollegen gegenüber. Brecht kann ihn unsäglich langweilen und irgendein längst verschollener, unspielbarer Dramatiker maßlos aufregen, alles ist da möglich, das Absurdeste kann seiner eigenen Produktion dienlicher sein als das Vernünftigste, Gesicherte. Doch vor allem wird ihn nicht die Literatur, sondern die Welt beschäftigen, in der er nun einmal lebt, durch jede Nachricht, die er von ihr erhält, durch jede Zuckung ihrer unermeßlichen Vitalität, dermaßen und so eindringlich, daß ihr gegenüber literarische, artistische Fragen sekundär erscheinen: Die Welt allein liefert den Stoff, den es in Literatur umzumünzen gilt. (24/84)

Macht

Je mehr sich die Welt der Geschäfte und damit der Bereich ihrer Begriffe zerstört, die kapitalistische Welt also – wogegen ich nicht das geringste habe –, je mehr wir in den Bereich der sozialistischen Sprache geraten, was unvermeidlich erscheint, desto mehr läuft die Welt Gefahr, den Begriffen zu unterliegen, die von der absoluten Macht verwendet werden können. Wir vergessen allzuleicht, daß nicht nur Geld Macht verleiht, sondern auch Begriffe Macht verleihen, daß die absolute Macht das größte Geschäft ist und daß die Macht dann erst absolut ist, wenn sie über ein absolutes Begriffssystem verfügt, über eine absolute Ideologie. (29/101)

Aus Hitler und Stalin lassen sich keine Wallensteine mehr machen. Ihre Macht ist so riesenhaft, daß sie selber nur noch zufällige, äußere Ausdrucksformen dieser Macht sind, beliebig zu ersetzen, und das Unglück, das man besonders mit dem ersten und ziemlich mit dem zweiten verbindet, ist zu weitverzweigt, zu verworren, zu grausam, zu mechanisch geworden und oft einfach auch allzu sinnlos. Die Macht Wallensteins ist eine noch sichtbare Macht, die heutige Macht ist nur zum kleinsten Teil sichtbar, wie bei einem Eisberg ist der größte Teil im Gesichtslosen, Abstrakten versunken. (24/59)

Turmbau IV: Vor dem Sturz 1975

Malerei

Malen als Porträtieren ist ein Erleben, nicht ein Fotografieren, mehr einem Erinnern vergleichbar als einem Abbilden. Zu den Dokumenten der Apparate über den Menschen brauchen wir die Zeugnisse der Menschen von Menschen. Das Konkrete ist das Primäre, das Abstrakte das Sekundäre. Die Welt ist im Konkreten enthalten, im Abstrakten als Erscheinung eliminiert, aber als Form rekonstruiert. Das Konkrete des Menschen ist seine Individualität, seine Einmaligkeit. Die Trift, in die unser Denken geraten ist, zwangsläufig, liebt das Individuelle nicht. Unsere Zeit ist zur Abstraktion genötigt (wissenschaftlich, ökonomisch, politisch). Sie braucht das Berechenbare, sie muß endlich zu planen lernen. Das Individuelle ist unberechenbar, störend, aber vorhanden. Die Malerei kann die Tendenz der Zeit wiederholen oder sich ihr widersetzen, aber sie kann ihr nicht entfliehen. Es gibt auch bei ihr kein Zurück zu Mozart. Die Malerei kann abstrakt oder konkret sein, aber nicht mehr romantisch. Sie kann nur noch auf ein Allgemeines, auf Gesetze und Formen zielen oder auf ein Individuelles. Das Individuelle ist nur dann romantisch und damit bürgerlich, wenn es sich als etwas Absolutes setzt und nicht als einen dialektischen Gegenzug begreift, den eine notwendige Konstellation erzwingt. Das Individuelle und damit das Konkrete als Ziel der Malerei ist heute nur noch als eine notwendige Opposition möglich, als Korrektiv zur Tendenz der Zeit, damit diese nicht unmenschlich werde. Das Individuelle, als Idylle oder als Anarchismus verstanden, ist nichts als eine überflüssige Reaktion gegen die Zeit. (26/178)

Marxismus

Die Welt rutscht, ob wir wollen oder nicht, unwiderruflich nach links, stellen wir fest, das ist ihr Trend. Schön, es gibt eine Art Pflicht, Marxist zu sein, doch nicht indem wir den Marxismus nachbeten, sondern indem wir ihn neu überdenken. Gerade an ihn müssen wir die Forderung nach der Freiheit des Geistes stellen. Sie ist alles andere als harmlos. Die Freiheit des Geistes ist die noch mögliche Freiheit, die dem Menschen bleibt. Sie ist ein Risiko wie jede Freiheit. Durch sie wird die Politik immer wieder vom Individuellen her getestet. Sie zieht die politische Freiheit nach sich und wirft endlich die Frage nach der Kontrolle der Macht auf. Das Schachspiel ändert sich nicht in seinen Regeln, treten bessere Spieler an. Eine Politik ohne Opposition ist unmenschlich und erstarrt in Institutionen, nur mit einer Opposition vermag die Politik ihren Spielcharakter zu bewahren, ohne den sie keine Politik mehr ist. Der Marxismus wird zu einer Farce, wenn sich auf ihm nicht neue politische Freiheiten aufbauen lassen, die freie Diskussion dessen, was zu unternehmen ist. (27/101)

Der marxistische Grundirrtum liegt darin (wieder ein Hegelsches Erbe), daß die Freiheit von selbst eintrete, habe man nur einmal die Gerechtigkeit installiert. Sie ist in den marxistischen Ländern nirgends eingetreten (weil man sich einbildete, die Gerechtigkeit gefunden zu haben, statt sie zu suchen). Und wo sie sich regte, wurde sie niedergetreten (im Namen der gefundenen Gerechtigkeit). Das paradoxe Resultat besteht darin, daß der Marxismus den wirklichen Klassenstaat schuf, jenen der Verwalter und der Verwalteten, maßvoll gesprochen, wobei sich zwischen den Verwaltern (die sich auf eine Oligarchie reduzierten) und den Verwalteten (die fast die ganze Bevölkerung ausmachen) noch weitere Klassen eingenistet haben, jede einzelne mit ihren besonderen Privilegien, eine Klasse von verwalteten Verwaltern, die weitere Verwalter verwalten, die nun ihrerseits wiederum eine weitere Klasse bilden usw. ... (Nicht umsonst wird im Osten Kafka, der doch ein religiöser Dichter ist, gesellschaftlich-kritisch verstanden, nämlich als Kritiker einer sicher nicht kapitalistischen Gesellschaftsordnung.) Dagegen sind in den modernen Staaten des Westens die Klassen weit fiktiver. So wartet die noch paradoxere Aufgabe auf uns, einen marxistischen Staat ohne Marxismus zu bilden, Marx ernst zu nehmen, aber nicht dogmatisch, ihn endlich zu überwinden, statt ihn immer noch umzuinterpretieren: Wir müssen uns aufs neue von einem Mittelalter trennen. (27/114)

Indem der Marxismus in seiner dogmatischen Observanz die durchschaute Gesellschaft wieder verteufelt und den Klassenkampf in sie projiziert, als Übel und Kampfmittel zugleich, statt den Kapitalismus als eine zwar grausame und unwürdige, aber natürliche Ordnung zu akzeptieren, um ihn dann, als das Gegebene, ins Menschenwürdige zu verwandeln, umzulisten, wenn man will, setzt er dieser fragwürdigen morschen Ordnung ein zu ideal entworfenes und daher nur unvollkommen funktionierendes System entgegen, eine Parteimaschinerie, die von der menschlichen Natur her stereotyp pervertiert wird: der Klassenkampf wird eingefroren, die neuen Klassen kristallisieren sich mit der Zeit zu Kasten. Weil der dialektische Materialismus, der doch zur Freiheit führen soll, seinen Utopien und seinem auf ein veraltetes wissenschaftliches Weltbild aufgepfropften System zuliebe die Parteimythologie nicht zu überwinden vermag und sich ihrer Unfehlbarkeit unterwirft, trotz aller Versuche, sie bisweilen zu leugnen, ordnet er sich wieder in das aristotelische Mittelalter ein, wird, was er seinen Gegnern vorwirft, reaktionär: wie die christliche Kirche das Christentum, führt die kommunistische Partei den Kommunismus ad absurdum. Beide werden beider größter Feind. Wie die Kirche die Christenheit hinderte, christlich zu werden, hindert die Partei die Kommunisten daran, kommunistisch zu sein. Man kann nun freilich einwerfen, ohne Kirche wäre die Christenheit nicht einmal zum Schein christlich und ohne Partei die marxistische Welt nicht einmal zum Schein kommunistisch geworden. Die Frage ist bloß, ob man nicht auf den Schein hätte verzichten können. Sicher nicht – der menschlichen Schwäche wegen. (29/40)

Da Marx im Zeitalter des mechanistischen Weltbildes aufgewachsen war, das alles determinierte, das nichts als die Kausalität kannte, indem er in der Hegelschen Dialektik das kausale Prinzip sah, nach welchem sich die Gesellschaft entwickelte, vorausberechenbar wie die Konstellation der Planeten, extrahierte Marx die Freiheit aus der Politik, notgedrungen, da sie in der Natur nicht existierte, doch nicht um eine Freiheit zu zerstören, die es ja nicht gab, sondern um irgendwann einmal in der Zukunft das Unmögliche möglich zu machen, die absolute Freiheit, die Freiheit für die Allgemeinheit nämlich, nicht für das Individuum, auch das folgerichtig, würde doch dieses einmal im Allgemeinen aufgehen und hätte deshalb seine Individualität nicht mehr nötig: am Ende steht die Anarchie als erhabene Utopie. (29/58)

Auch der in Mode gekommene Neomarxismus tut das seine, dieser Versuch, wieder ein marxistisches System zu errichten, wenn nicht in der Wirklichkeit, so doch in den Köpfen, sich ein ideologisches Schema zurechtzimmernd, das, als System, nur intolerant sein kann, statt an einer sozialen Ordnung zu arbeiten. Wie alle Utopisten und Eschatologen sind die Kommunisten zu ungeduldig; wären sie geduldiger, könnte ihre Tendenz sich ungemein positiv auswirken. Wo das Existentielle dem Ideologischen gegenübersteht, nimmt der Ideologe gegen das Existentielle Stellung, nicht das, was ist, ist für ihn berechtigt, sondern das, was sein sollte, auch wenn das, was ist, notwendig ist. (29/94)

Die marxistische Ideologie ist in Rußland längst ein Opium für das Volk geworden, das nicht mehr wirkt. Es ersetzt zwar die Religion, aber nur unvollkommen, denn es stellt eine Religion aus der Kühltruhe eingefrorener Gedanken dar. Das Volk sehnt sich mehr und mehr nach einer warmen Religion, was wiederum die Partei verführt, jenen Religionsersatz anzuheizen, der seit jeher die Massen erwärmt: den Patriotismus. Ohne diesen hätte die Sowjetunion den Zweiten Weltkrieg nicht überstanden. Die Sowjetunion benötigt Feinde: innenpolitisch die Dissidenten als Verräter und außenpolitisch die Imperialisten als Kriegshetzer. Damit kommt sie mit sich selber in Konflikt. Sie braucht wirtschaftlich die Entspannung und außenpolitisch den kalten Krieg. Daß sich in den USA die gleichen Merkmale zeigen, ist um so schlimmer. Eine Freiheit, so oft ad absurdum geführt, wird zur unglaubwürdigen Ideologie, und am Ende muß immer wieder die irrationale Notbremse des Patriotismus gezogen werden. So im Falle Afghanistans. Was geschah, war Hysterie. Nur ein Zeichen unserer Unordnung, unserer Irrationalität. Der Fall Afghanistan bedroht die Sowjetunion mehr als uns. Ihr gegenüber ist nur eine zynische Haltung möglich. Wir vermögen sie nicht zu ändern, aber wir brauchen ihr ihre Ausreden nicht mehr abzunehmen. Wir müssen es uns leisten, von der Sowjetunion erpreßt zu werden, und die Sowjetunion kann es sich nicht leisten, uns nicht zu erpressen. Die Lage ist fatal, aber so grotesk, daß sie nicht ganz hoffnungslos wird. Das wird sie nur, wenn wir ideologisch werden. Es genügt, wenn es die Sowjetunion ist; werden wir es auch noch, sterben wir alle den Heldentod. (29/210)

Mensch

Wir kennen die ersten drei Minuten der Geschichte des Weltalls besser als die ersten drei Millionen Jahre der Geschichte des Menschen. Nur allzu natürlich: Die Menschen, nicht die Gestirne sind unberechenbar.

Als Organisation von Materie betrachtet, ist weder eine Milchstraße noch ein Quasar, weder der Rote Überriese Aldebaran noch der Gelbe Zwerg, den wir unsere Sonne nennen, sondern der Mensch das komplizierteste Gebilde der uns bekannten Welt, sowohl in seinem Aufbau als auch in seinen ineinandergreifenden chemischen Prozessen oder in seinem Reagieren auf äußere Reize: dieses Wesen, zoologisch als homo sapiens schon längst keine Rarität mehr, zusammengesetzt aus einer Unzahl von Riesenmolekülen, die sich zu Zellen verbanden, diese wiederum aufeinander abgestimmt und durchfunktioniert, aus dem genetischen Code einer einzigen Zelle zusammengewachsen, gesteuert von der überaus vertrackten materiellen Struktur seines Gehirns, das sein Bewußtsein, sein Denken, sein logisches Schließen hervorbringt, aber auch sein Unbewußtes, seine Instinkte bestimmt, seine unberechenbaren Emotionen und Aggressionen, ja, seine ungeheuerliche Irrationalität, der gegenüber das Tier gleichsam als rationales Wesen erscheint.

Und wenn wir erst die Vielschichtigkeit der Menschheit als Ganzes in Betracht ziehen, diesen Überorganismus eines Überorganismus, der sich immer wieder mörderisch und sinnlos gegen sich selbst wendet, so sind, was wir als geschichtliche Gesetzmäßigkeiten ausgeben, seien sie nun sozial, ökonomisch, psychologisch oder gar irrational, im besten Fall Erklärungsversuche unvollkommener Statistiken und Vermutungen, die nur vage Voraussagen zulassen, im schlimmsten Fall bloß ästhetisch bedingte Kapitelüberschriften eines Abenteuerromans, den wir Weltgeschichte nennen: Nicht weil der Mensch und die Menschheit ›an sich‹ irrational wären, sondern weil sie ›an sich‹ nicht deutbar sind. Derselbe Sokrates, der, wie der Delphische Apoll, forderte, man solle sich selbst erkennen, gab zu, nur zu wissen, daß er nichts wisse. (S/63)

Der Mensch ist keine Rechnung, die aufgeht, keine Formel, die sich niederschreiben ließe, er ist ein Geheimnis, und weil er als Geheimnis angelegt ist, sind wir genötigt, so zu tun, als ob der Mensch darstellbar wäre. Wir spielen auf der Bühne aus einem Mangel heraus, wir sind zur Fiktion gezwungen, auf diesem Zwang ruht unser Theater, jedes Theater, unsere Kultur, jede Kultur, ja, sehen wir genauer, unsere Gesellschaft, jede Gesellschaft. Die Wahrheit läßt sich nicht spielen, wir können nur wahr spielen, so wie wir ja auch nicht richtig zu handeln vermögen, sondern nur aufrichtig, fair: Daß wir diese Selbstverständlichkeiten unterlassen, macht die Bühne, die Welt immer wieder zur Schmiere. (24/122)

Moral

Wir machen alle mit, auch der Schreibende, ob wir nun mit der Welt zufrieden sind, in der wir stecken, oder gegen sie protestieren, Pläne entwerfen, sie zu ändern, uns engagieren, politischen Parteien beitreten oder gar welche gründen, die sie ändern wollen, usw. Wir machen mit, weil wir *sind,* verstrickt nicht nur durch unzählige gesellschaftliche, kulturelle, politische und wirtschaftliche Fäden mit der Welt als Ganzem, sondern auch als Angehörige eines Staates, den wir als Ganzes nicht zu überblikken vermögen, als Teile eines Volkes, das uns nach außen prägt, ob wir wollen oder nicht, auch als Glieder einer Gemeinde, die in anderen Gemeinden aufgeht, oder als Angestellte irgendeiner Firma, die ihrerseits wieder mit anderen Firmen verquickt ist: das Knäuel ist unentwirrbar, nur Theorien über das Durcheinander der Fäden existieren, eine Handvoll Fakten, das meiste ist nur vage zu vermuten. Wir machen unfreiwillig mit, sei es auch unter Protest, treiben im Strom der Zeit dahin.

Mitmachen muß nicht von vornherein negativ

sein. Wir unterscheiden: Wir machen mit, weil wir von der Notwendigkeit dessen überzeugt sind, bei dem wir mitmachen = ein moralisch positives Mitmachen. Wir machen mit, obgleich wir von der Notwendigkeit dessen nicht überzeugt sind, bei dem wir mitmachen = ein moralisch negatives Mitmachen. Ist der positive Mitmacher engagiert von der Sache her, bei der er mitmacht, so ist der negative Mitmacher nicht engagiert, obgleich er mitmacht, sein Mitmachen ist ein Mitgehen, ein Nachgeben, ist eine Schwäche, ein Mangel an moralischer Position. Ist der positive Mitmacher aktiv, so der negative Mitmacher passiv. Ist es beim positiven Mitmacher entscheidend, daß er die Sache, bei der er mitmacht, als etwas Notwendiges erkennt, als etwas Gutes (weshalb es denn gleichgültig ist, ob diese Sache ›an sich‹ auch notwendig sei oder nicht, gut oder schlecht, das Werturteil über sein Mitmachen liegt nur im Glauben an seine Erkenntnis, ob er diesen habe oder nicht, und nicht daran, ob seine Erkenntnis ›an sich‹ richtig sei oder nicht – es gibt auch getäuschte positive Mitmacher), so spielt die Erkenntnis oder das Verkennen der Sache, bei der einer mitmacht, beim negativen Mitmacher keine Rolle: er macht nicht der Sache, sondern sich zuliebe mit. Das negative Mitmachen ist ein Sich-nicht-Kümmern um die Erkenntnis (die auf die Sache gerichtet ist, bei der man mitmacht), auch ein Nichtverwirklichen der Erkenntnis, ein nicht nach der Erkenntnis Handeln, ein Handeln wider die Erkenntnis, daß die Sache, bei der man mitmacht, nicht nur nicht notwendig, sondern sogar schlecht ist. Endlich ein In-den-Wind-Schlagen des Glaubens, insofern es ohne Glauben an die Erkenntnis kein Aneignen der Erkenntnis gibt (weil es keine nackte Erkenntnis gibt). Natürlich gibt es auch ein negatives Mitmachen aus Bequemlichkeit: so einer macht mit, ohne zu denken, weil die Sache, bei der er mitmacht, gerade Mode ist usw. Aber der eigentlich negative Mitmacher in seiner bedenklichsten Form ist der Intellektuelle, der trotzdem mitmacht. Dieser Intellektuelle braucht durchaus kein ›Fachidiot‹ zu sein (was ihn noch entschuldigen würde); entscheidend ist, daß ihm das moralische Sensorium fehlt. Dieser Mangel ist das eigentlich Nihilistische an ihm; daß einer entgegen seiner Erkenntnis handelt oder nicht handelt, ist für jene unverständlich, die der Meinung sind, auf die Erkenntnis des Notwendigen folge auch seine Verwirklichung. Wäre das so, wäre die Welt anders, Moral, wagt man überhaupt dieses Wort noch zu gebrauchen, nicht klischeehaft, als ein sinnloses Vollziehen angeblicher Gesetze – die keine sind, werden sie als Gesetze genommen und nicht als Einsichten –, Moral ist nicht schon die Erkenntnis des Notwendigen. Moral ist das Verwirklichen dieser Erkenntnis. (14/105)

Nationen

Das Schicksal der Menschen wird davon abhängen, ob sich die Politik endlich bequemt, das Leben eines jeden heilig zu nehmen, oder ob die Hure weiterhin für jene auf die Straße geht, denen nichts heilig ist. Die Dame muß sich entscheiden. Was die Staatsmänner, auf die es heute ankommt, mit ihr treiben, ist ein Hohn, welcher der Vernunft die Schamröte ins Gesicht treibt und der alle jene in ständige Furcht versetzt, auf die es nie ankommt: Auf die übrigen zwei Milliarden, die diesen Planeten bewohnen. Die sture Ungerechtigkeit der Politik, mit der sie sich über jeden Einzelnen hinwegsetzt, indem sie nach der ewigen Weise der Dummköpfe nur als wirklich ansieht, was eine Abstraktion ist, die Nationen nämlich, denen sie alle jene Beweggründe in die Schuhe schiebt, die der Einzelne nie hat, verhindert endlich, ihr gegenüber immer noch nachsichtig zu sein und mit Engelszungen zu reden. Es gilt jetzt vor allem, von dem nichts zu verstehen und nichts zu begreifen, was sich da abspielt; der Unsinn der heutigen Politik ist allzu deutlich. Die Art, wie man auf beiden Seiten mit einem dritten Weltkrieg spielt, läßt sich, da ein Krieg nicht nur ein wahnwitziges Verbrechen ist, sondern auch eine ebenso große Dummheit, mit nichts mehr entschuldigen. (28/15)

Europa

Indem Europa zwar den Geist hochleben läßt, aber ihm keine Wirkung zumißt und nach den Profiten lebt, indem es zu kleinmütig ist, die nationalen Vorteile der Einzelnen zu überwinden, und unfähig bleibt, das zu tun, was die Vernunft mit unerbittlicher Klarheit vorschreibt, begeht es ein größeres Verbrechen als jener, der den Geist leugnet und dem es, eine groteske Selbstverspottung, den Geist engegenzuhalten wagt. Ein jeder wird nach seinem Maß gerichtet, und der Richter verhüllt schweigend das Haupt. Wer die Freiheit verbietet, nimmt sie wichtiger als der, welcher sie mißbraucht; wer die Persönlichkeit aufgibt, gewinnt mehr als der, dessen Rechte nicht weiß, was die Linke tut; und wer das Christentum unterjocht, begreift es wesentlicher als der, dem es gleichgültig ist. (27/15)

Deutsch

Was die Hasen jedoch vor den Kugeln der Jäger schützt, ist der blinde Glaube, daß alles, was sich in jenem Gestrüpp regt, in welchem man die Vitalität vermutet, gleich ein Löwe sei. Besonders in der deutschen Literatur, die hinter jedem klaren Verstand Papier, hinter jeder Sentimentalität Tiefe und hinter jedem Fluch gleich Kraft vermutet, ist das leicht möglich. Es wird leider nichts so sehr bewundert wie die Flucht in die Vitalität, und es scheint manchmal Mode zu werden, daß ein Dichter auch gleich ein Dummkopf sein muß. Alles Vitale hat einen so großen Kredit, auch wenn kein Hirn mehr dahintersteckt, daß schon der bloße Abklatsch davon angebetet wird, obgleich es doch schließlich die Ochsen sind und nicht die Denker, die uns zu Tode trampeln. Anderseits werden extreme Moralisten wie Wedekind oder Brecht, von denen ich eine hohe Meinung habe, als Nihilisten empfunden, und das ist lächerlich. Die Männer von echtem Schrot und Korn, zwar nicht sehr hell, aber gut, die zu Hauf durch die deutschen Dramen poltern und am Ende meistens die Welt nicht mehr verstehen, sind mir immer unsympathisch vorgekommen. Auch habe ich oft tagelang über das Pech nachdenken müssen, daß die interessanteste deutsche Bühnenfigur gleich der Teufel ist. (24/13)

Schweizerisch

Der Schweizer verträgt an sich in dem, was er treibt, keinen Spaß, alles gerät ihm leicht ins Feierliche, Biedere, und so versteht er denn auch in der Kunst gar keinen: Die Musen haben bei ihm nichts zu lachen, sondern seiner Forderung nach solider Qualität zu entsprechen und ewig zu halten. (26/55)

Die Schweiz hat zu begreifen, daß sie nicht mehr die Schweiz Wilhelm Tells ist, sondern eine Schweiz der Mirage-, der Bührle- und der Florida-Affären, eine Schweiz, die durch ihre Demokratie der Demokratie im Wege steht, weil auch die Demokratie, wie die Kultur, kein Besitz ist, sondern eine Aufgabe darstellt, die täglich in mühseliger Kleinarbeit erfüllt werden muß. (28/56)

An die Schweizer und die Deutschen

Wir sind schon längst kein Volk der Hirten mehr, so wenig wie Sie ein Volk der Dichter und Denker. (16/178)

Die Schweizer und die DDR

Was dem Schweizer die DDR so unheimlich macht, liegt nicht etwa nur, wie man oft behauptet, in deren Ideologie begründet, sondern noch weit mehr in dem, worin ihm auch der Großdeutsche unheimlich war, in der verhängnisvollen Mischung von Tüchtigkeit, Pedanterie und Ideologie. (28/127)

Schweizer und Oesterreicher

Die Urschweiz führte natürlich nicht mit Österreich, sondern mit den Habsburgern Krieg, die wiederum selber Schweizer waren (die Kapuzinergruft als Auslandschweizer-Friedhof), so daß des Schweizers Erbfeind eigentlich nicht der Österreicher, sondern der Schweizer ist (auch Geßler, der vom schweizerischen Nationalhelden Wilhelm Tell erschossen wurde, war ein Schweizer). Der Schweizer sieht daher im Österreicher einen Doppelgänger, dem ein anderes Schicksal zuteil wurde. Der Österreicher und der Schweizer sind als Alpenbewohner eineiige Zwillinge, und eineiige Zwillinge erleiden auch in anderen Milieus zuletzt das gleiche Schicksal: beide sind heute neutral. (28/116)

UdSSR und USA

Die Vereinigten Staaten denken wirtschaftlich. Darum haben sie Mühe, machtpolitisch zu denken; die Sowjetunion denkt machtpolitisch. Darum denkt sie unwirtschaftlich. (28/106)

Die politische Dramaturgie beider Imperien ist voneinander verschieden. In der Sowjetunion geschieht alles gegen eine unterdrückte, in den Vereinigten Staaten alles für eine chaotische Gesellschaft. Am Beispiel der Aufrüstung: Daß sie das russische Volk teuer zu stehen kommt, ist offensichtlich, sie macht ihm jeden Luxus unerschwinglich und erzeugt einen Mangel an Konsumgütern, während die Aufrüstung in den Vereinigten Staaten ein Regulativ darstellt. Die Privatindustrie ist so mächtig und erfüllt die Wünsche der Konsumenten so restlos, ist jedoch derart an die Grenze ihrer Absatzmöglichkeiten gelangt, daß der Staat, um die Kapazität der Privatindustrie besser auszunützen und keine Arbeitslosigkeit aufkommen zu lassen, ihr Aufträge geben muß, solche Waren herzustellen, die den Konsum nicht konkurrenzieren: Waffen. Wer fährt schon privat in einem Tank herum! So stellt die Aufrüstung in den Vereinigten Staaten paradoxerweise eine Sozialleistung des Staates dar. Sie schafft die Arbeitsplätze, welche die Privatindustrie ohne Staatsaufträge nicht mehr bereitzustellen vermag. (28/106)

Leider ist es für die Opfer ziemlich gleichgültig, ob sie durch Waffen fallen, die aus Gründen der Privatindustrie, oder durch solche, die aus machtpolitischen Gründen hergestellt worden sind. (28/107)

Nirgends fand ich so viel Hurra-Patriotismus und ein solches Gefühl, vom Ausland undankbar und ungerecht behandelt zu sein, wie in Rußland. Die Vereinigten Staaten leisten sich einen Patriotismus und finden es komisch, wenn sich ihn andere Nationen auch erlauben. Das Recht auf Patriotismus gestehen die Vereinigten Staaten eigentlich nur den Russen zu. (28/108)

Ich fürchte, auch die Russen billigen bloß den Vereinigten Staaten Patriotismus zu. Man findet selten Sowjetbürger, die an der russischen Außenpolitik etwas auszusetzen haben; gab es bei der Besetzung der Tschechoslowakei Anzeichen von Unzufriedenheit, so fehlen diese Peking gegenüber offenbar ganz. Über die Erfahrungen mit den Schwarzen in Afrika werden Schauermärchen erzählt. Auch berichtete mir jemand in Moskau, die Ägypter besäßen angeblich noch Sklaven, jeder Vorarbeiter zwei und jeder Arbeiter einen, außerdem sei es den russischen Ingenieuren verboten, in ihren Wagen diese Sklaven zur Arbeit zu führen, doch auf meine Frage, warum denn eigentlich die Sowjetunion Ägypten unterstütze, antwortete er, weil die Juden Faschisten seien. (28/109)

Turmbau III: Der amerikanische Turmbau 1968

Für die Sowjetunion ist die Diagnose leicht zu stellen: Arteriosklerose. Ein Arteriosklerotiker ist weder fähig, Neuerungen zu erkennen noch die Notwendigkeit, Neuerungen einzuführen. Er lebt in der Vergangenheit. So halten sich die Russen allein aus dem Grund für revolutionär, weil sie einmal eine Revolution durchgeführt haben, so wie sich viele Schweizer immer noch für Helden halten, weil einige ihrer Vorfahren 1315 am Morgarten siegten. (28/109)

Die Vereinigten Staaten sind schwieriger zu diagnostizieren. Die Symptome widersprechen sich, und ihre Unzahl verwirrt. Ein Organ bekämpft das andere, eine Zelle die andere. Geschwüre zeigen sich. (28/110)

Das mag auf Krebs hindeuten, doch aus Furcht vor dieser Diagnose nehmen die Vereinigten Staaten jedes Symptom für eine einzelne Krankheit und bekämpfen es unabhängig von den anderen Symptomen. (28/110)

Aus Distanz gesehen, sind die Vereinigten Staaten vielleicht mit dem Rom vor der Kaiserzeit zu vergleichen, als dieses zwar eine Weltmacht geworden war, doch in immer größere innere Schwierigkeiten verwickelt wurde, während die Sowjetunion mehr Ost-Rom gleicht, das ein totaler Staat war und das Christentum als Ideologie einsetzte. Die Sowjetunion ist ein marxistisches Byzanz. (28/111)

In beiden Imperien ist die Tradition wichtig. In Rußland war der Staat, in den Vereinigten Staaten die schrankenlose Freiheit heilig. Sie sind es immer noch. Rußland trotzte sein Reich in zäher Eroberung den Mongolen und den Turkvölkern ab, bis es schließlich China umklammerte; die Vereinigten Staaten eroberten einen Kontinent durch das Faustrecht ihrer Trapper und ihrer Wirtschaftspioniere. Die Ideale einer Nation rächten sich, Iwan der Schreckliche und Rockefeller sind nicht ungestraft Vorbilder, ebensowenig wie Bonnie and Clyde. So nimmt man denn in Rußland die Regierung demütig hin, und in den Vereinigten Staaten glaubt man immer noch an den Selfmademan, ohne sich darum zu kümmern, ob er sein unermeßliches Vermögen legal oder illegal verdiente. Um diese Frage kümmern sich nur Hollywood-Filme, mit der Anmerkung freilich, die Personen seien frei erfunden. (28/112)

Palästina

Sie hatten nie einen Staat. Sie haben nie gehabt, was sie jetzt wollen auf Grund dessen, was die Juden wollten, weil diese es mußten: einen Staat; und was die Palästinenser jetzt haben, wollen sie nicht, denn es ist nichts, was sie haben. Sie jagen einer Idee nach: das zu sein, was Israel ist. Das können sie nur, wenn sie wie Israel werden. Dazu braucht es Zeit, und Zeit ist identisch mit Frieden, denn ihre Existenz ist nur durch die Existenz Israels möglich, geht Israel unter, ist es ihr Untergang: Sie können auch von den ›Arabern‹ jederzeit fallengelassen werden. Sie werden Syrer, Ägypter oder Jordanier, je nach Ausgang der Kämpfe, die dann unter Arabern entbrennen, gesetzt, die Araber besiegen Israel. Die Existenz des jüdischen Staates bekommt damit den politischen Sinn, den Palästinensern zu ihrem Recht zu verhelfen: zu ihrem Staat. So klein dieser Landstrich ist, den wir Palästina nennen, ein Nichts auf dem Globus, er hat Platz für zwei Staaten, wie er Platz für viele Kulturen hat. Das setzt voraus, daß die Palästinenser den jüdischen Staat anerkennen und die Juden den palästinensischen. (29/111)

Israel

Israel ist eine Konzeption gegen das Instinktive, sein Schicksal ist jenes des Menschen. Was uns für dieses Land streiten läßt, ist nicht seine Notwendigkeit, die sich mit jeder Dialektik (die in Wahrheit Sophistik ist) begründen läßt, sondern die Kühnheit seiner Konzeption: In ihr wird die Kühnheit des Menschseins sichtbar. Israel ist damit ein Experiment unserer Zeit, eine ihrer gefährlichsten Belastungsproben. Nicht nur die Juden, auch die Araber werden mit diesem Experiment getestet, mehr noch, wir alle. (29/145)

Philosophische Systeme

Hat der Einzelne bisher versucht, seine Pflicht von einer allgemeinen Weltanschauung abzuleiten, oder wenigstens gehofft, einmal eine solche zu finden, um darum wie die Erde um die Sonne zu kreisen, so wird er nun wieder zur Mitte, notgedrungen, denn nach dem Zusammenbruch der philosophischen Systeme bricht auch jenes der Naturwissenschaft zusammen, ja, immer mehr häufen sich die Anzeichen, daß die Naturwissenschaft überhaupt keine Weltanschauung zu geben vermag. Das Geheimnis der Welt bleibt unangetastet. (28/18)

Physik

Die heute Physik arbeitet mit Mitteln und technischen Anlagen, die Einstein nie zur Verfügung standen. Die Entdeckungen in den gigantischen Synchrotronen jagen sich, immer kleinere Elementarteilchen werden von Computern aufgespürt – und bald auch von Computern interpretiert; man hofft, das endlich wirklich Unzusammengesetzte zu finden, das unteilbare Atom der Griechen, den physischen und metaphysischen Punkt in einem, von dem aus die Welt aufzubauen und gar umzubauen wäre. Scheitert dieses faustische Unternehmen, wäre dieses Scheitern jämmerlicher als das einsame Scheitern Einsteins. Denn sein Scheitern war grandios, er besaß nichts als seinen Schreibtisch. (27/172)

Politik

Die Geschichte ist etwas Ungefähres, eine gotteslästerliche Schmiere, von der Fahrlässigkeit, vom Zufall und von der Vergeßlichkeit inszeniert. Wie der Physiker die Mathematik braucht, die im letzten unbegreifliche Natur wenigstens in den Griff zu bekommen, benötigt der Politiker Macht, die konfusen Handlungen der Menschen zu lenken. Selbst wenn er weiß, daß auch seine Macht nur – Fiktion ist. Denn in Wirklichkeit ist er abhängig von solchen, die ihn an die Macht drängen, abhängig von denen, die er zur Macht braucht, und abhängig von jenen, die sich seiner Macht beugen. (15/122)

Innerhalb eines Systems sind Politik, der Glaube an sie und das Bekenntnis dieses Glaubens identisch. Man braucht diesen Glauben nur zu bekennen, ob man ihn wirklich glaubt, ist nebensächlich. Darum der unerträgliche Zynismus jener, die diese Systeme regieren, und leider immer mehr auch jener, die von ihnen regiert werden. (S/332)

Es geht nicht mehr darum, Machtzentren zu organisieren und sich um Grenzen zu streiten. Die Aufgabe der Politik ist neu abzustecken. Die einen erwarten alles von ihr, die andern nichts mehr. Einige haben eine Metaphysik aus ihr gemacht, andere ein Geschäft, es gilt aus ihr ein Werkzeug zu machen, das den Menschen nicht vergewaltigt und ausbeutet, sondern sichert. Es heißt eine Wirtschaft aufbauen, die ihr Gefälle nicht mehr vom Umstand bezieht, daß der eine Teil der Menschheit im Wohlstand und der überwiegende andere in erbärmlicher Armut lebt. Der Tanz um das Goldene Kalb ist aus dem Repertoire der Menschheit zu streichen, die Musik dazu wird immer unerträglicher, doch wird immer wieder da capo gegeben, und auf anderen Bühnen tanzt man schon um neue Kälber weiter. Die Aufgaben der Politik liegen in der Gegenwart, nicht in der Zukunft, es geht um uns, nicht um die ungeborenen Enkel, in deren Namen die heutigen getötet werden. (28/17)

Publikum

Das Publikum ist unerbittlich, wenn auch nicht unbestechlich. Sensationen können es verführen, Posen begeistern, Moralien rühren, Konventionen blind machen, Neues abschrecken. Seine Ungerechtigkeit ist sein Recht, seine Gerechtigkeit immer wieder erstaunlich. (24/128)

Rechts oder links

Nichts gegen die geistige Auseinandersetzung, alles gegen einen faulen Frieden. Aber vor allem alles gegen die für jeden denkenden Menschen beleidigende Einteilung in rechts und links, in marxistisch und faschistisch, in progressiv und reaktionär, in diese dem Fortschritt des Geistes hohnsprechenden mittelalterlichen Kategorien des Entweder-Oder. (28/136)

Religion

Die Religion ist für uns etwas Persönliches und daher politisch Irrelevantes geworden. Das Religiöse, um dieses anrüchige und nebulöse Wort zu gebrauchen, ist für uns nicht mehr die Angelegenheit des Staates; wenn er auch die Religion mehr in Schutz nimmt, als sie, hätte sie etwas Stolz, zulassen dürfte, wenn auch der Staat die Religion bloß toleriert – sei es aus psychologischer Rücksicht, sei es aus Tradition, weil für ihn das Religiöse ein ehrwürdiges Brauchtum darstellt, das es zu erhalten gilt, wie man Kunstdenkmäler erhält, Volksfeste, Trachtenumzüge und Fahnenschwingen –, so sollte es die Religion beleidigen, nähme sie sich ernst, und noch bitterer kränken, wenn sich der Staat ihrer aus ideologischen Gründen bedient, wie etwa der spanische, was zu der Groteske führt, daß der Staat, sich zu retten, katholischer wird als die Kirche, die den Staat schon verloren sieht. (29/50)

Revolution

Ich halte Revolutionen oft für sinnvoll, oft für sinnlos. In Südamerika zum Beispiel kann ich mir durchaus sinnvolle Revolutionen vorstellen, während in hochindustrialisierten Staaten mit einem riesigen Verwaltungsapparat, mit einer engverflochtenen Wirtschaft und mit einem hohen Lebensstandard Revolutionen wahrscheinlich sinnlos sind, sinnlos darum, weil sie nur scheinbar wären, der Verwaltungsapparat müßte übernommen, ja zu einem noch abenteuerlicheren Gebilde aufgebaut werden, die Kompromisse wären zwangsweise derart, daß sich am Ende die Revolution nicht für die Masse, sondern bloß für die Köpfe der Revolutionäre lohnte: für ihre Einbildung, eine Revolution durchgeführt zu haben. (27/95)

Zorniger Gott 1976

Schreiben

Der Schriftsteller ist zwar frei, aber muß um seine Freiheit kämpfen. Der Kampf spielt sich auf einer wirtschaftlichen Ebene ab. Auch der Geist kostet. Er unterliegt dem Gesetz von Angebot und Nachfrage: ein auf der Ebene des Geistes grausamer Satz. (26/58)

Es tut dem Schriftsteller gut, sich nach dem Markte zu richten. Er lernt so schreiben, listig schreiben, das Seine unter auferlegten Bedingungen zu treiben. Geldverdienen ist ein schriftstellerisches Stimulans. (26/59)

Die Schriftstellerei wird erst durch den Erfolg als freier Beruf möglich; der Erfolg sagt jedoch nichts über den Wert einer Schriftstellerei aus, er deutet allein darauf hin, daß der Schriftsteller eine Ware herstellt, die sich verkaufen läßt: Daß dieser Umstand nicht befriedigt, sei zugegeben. (26/58)

Die Schriftstellerei als freier Beruf bleibt ein Wagnis mit ungerechtem Ausgang für viele (und ohne Instanz, die Klage vorzubringen). (26/59)

Warum Schreiben?

Ich werde immer wieder gefragt, warum ich eigentlich schreibe. Gerade diese Frage zeigt die Schwierigkeit meines Berufs. Sie wird gestellt, weil mein Beruf offenbar nicht als selbstverständlich genommen wird. Gebe ich nun eine selbstverständliche Antwort, etwa: ich schreibe, um mich und meine Familie durchzubringen, oder: um die Leute zum Lachen und, was ebenso wichtig ist: zum Ärgern zu bringen, wird der Frager ungehalten, denn er fragt, um etwas ganz anderes zu hören, etwa: daß ich aus einem inneren Drang heraus schreibe. Jedoch, Hand aufs Herz, wenn es nun auch stimmen würde mit dem ›inneren Drang‹, wer redet anständigerweise schon gerne davon. »Ich schreibe, um meine Familie durchzubringen« ist eine anständige Antwort. Doch haben wir damit die Schwierigkeiten der Schriftstellerei in der heutigen Zeit erst am Rande berührt, denn die Frage nach dem Sinn, nach dem Warum des

Schreibens wird ja immer nur deshalb gestellt, weil sie mit der landläufigen Meinung Hand in Hand geht, der Schriftsteller müsse etwas zu sagen haben, wenn er schreibe. Und zu sagen hat nur der etwas, der etwas Außerordentliches zu sagen hat. Doch die Frage, warum einer schreibe, diese Frage des Normalbürgers wiederholt sich in veränderter Form in der Kritik, die nach der Aussage eines Stückes forscht.

Gefragt nach dem Sinn meiner Stücke, antworte ich meistens, daß, wenn ich den Sinn meiner Geschichten wüßte, ich nur den Sinn hinschreiben würde, nur die Aussage, und mir den Rest ersparen könnte. Behaupte ich nun damit, meine Komödien hätten keinen Sinn? Ich glaube nicht. Ich meine vielmehr Folgendes: Wenn wir etwa nach dem Sinn der Natur fragen, so wird uns der Naturwissenschaftler in der Regel ausweichen. Seine Aufgabe ist nicht, dem Sinn der Natur nachzuforschen, sondern der Natur selber, ihren Gesetzen, ihrer Verhaltensweise, ihrer Struktur. Mehr verrät die Natur nicht. Ihr Sinn kann nur außerhalb ihrer liegen, die Frage nach ihrem Sinn ist eine philosophische Frage. Ähnlich nun liegt es bei der Frage nach dem Sinn eines Theaterstückes, zum Beispiel. Diese Frage ist eigentlich nicht dem Autor, sondern dem Kritiker zu stellen, der ja bekanntlich auf alles eine Antwort weiß. (26/76)

Unterhaltungsliteratur

Daß der Mensch unterhalten sein will, ist noch immer für den Menschen der stärkste Antrieb, sich mit den Produkten der Schriftstellerei zu beschäftigen. Indem sie den menschlichen Unterhaltungstrieb einkalkulieren, schreiben gerade große Schriftsteller oft amüsant, sie verstehen ihr Geschäft. (26/59)

Geschichten erzählen

Gibt es noch mögliche Geschichten, Geschichten für Schriftsteller? Will einer nicht von sich erzählen, romantisch, lyrisch sein Ich verallgemeinern, fühlt er keinen Zwang, von seinen Hoffnungen und Niederlagen zu reden, durchaus wahrhaftig, und von seiner Weise, bei Frauen zu liegen, wie wenn Wahrhaftigkeit dies alles ins Allgemeine transponieren würde und nicht viel mehr ins Medizinische, Psychologische bestenfalls, will einer dies nicht tun, vielmehr diskret zurücktreten, das Private höflich wahren, den Stoff vor sich wie ein Bildhauer sein Material, an ihm arbeitend und an ihm sich entwickelnd und als eine Art Klassiker versuchen, nicht gleich zu verzweifeln, wenn auch der bare Unsinn kaum zu leugnen ist, der überall zum Vorschein kommt, dann wird Schreiben schwieriger und einsamer, auch sinnloser, eine gute Note in der Literaturgeschichte interessiert nicht – wer bekam nicht schon gute Noten, welche Stümpereien wurden nicht schon ausgezeichnet –, die Forderungen des Tags sind wichtiger. (20/37)

Engagement

Eine Binsenwahrheit kann etwas Erschreckendes sein, ein Ausdruck einer plötzlichen tiefen Erkenntnis oder etwas Banales; es kommt nur darauf an, aus welchem Gesamten die Aussage kommt. Immer ist das Gesamte, der Hintergrund wichtiger als der einzelne Satz, die einzelnen Sätze, die Kinder den Mütterlichen, damit sie gedeihen, die Wagen den guten Fahrern, damit gut gefahren wird und das Tal den Bewässerern, damit es Frucht bringt, kann ungefähr jeder behaupten, jeder Kapitalist, jeder Kommunist, ein Kolonist, ein Pestalozzi und ein Bert Brecht. Es kommt allein darauf an, aus welcher Welt es gesprochen wird, ob es zur Banalität wird oder nicht, und banal wird es in dem Augenblick, wenn ich mich als Schriftsteller irgendeiner der heutigen Parteien engagiert habe. Ich weiß nun sehr genau, wie gefährlich dieser Satz sein kann und wie mißverständlich. Ich will damit nicht behaupten, der Schriftsteller solle nicht politisch sein, er kann heute nur politisch sein, aber gerade deshalb kann er keiner Partei angehören, sich nicht engagieren. Dies liegt in seinem Werk begründet, das nicht eine Ansammlung von mehr oder weniger richtigen Aussagen, Philosophien und Meinungen ist, sondern elementar etwas anderes. Jeder wirkt dann am meisten, wenn er das Seine treibt, der Dramatiker, wenn er Stücke schreibt. Dieser Akt des Schreibens nun, behaupte ich, ist etwas anderes als der Akt des Philosophierens oder der Akt der Empörung über Mißstände, Dummheiten, Bigotterien; wohlgemerkt: nur dieser Akt, nur die Stunden, in der er ganz Dramatiker ist und nichts anderes; was er daneben noch ist, was er glaubt, an was er sich hält, zu welcher Partei er läuft, ist seine Sache, spielt in diesen Momenten des Schreibens keine Rolle ... (26/80)

Stoffe

Wie formt der Schriftsteller die Welt, wie gibt er ihr ein Gesicht? Indem er entschieden etwas anderes betreibt als eine Philosophie, die vielleicht nicht mehr möglich ist. Indem er entschieden den Tiefsinn fahren läßt, indem er die Welt als Materie verwendet. Sie ist der Steinbruch, aus dem der Schriftsteller die Blöcke zu seinem Gebäude schneiden soll. Was der Schriftsteller treibt, ist nicht ein Abbilden der Welt, sondern ein Neuschöpfen, ein Aufstellen von Eigenwelten, die dadurch, daß die Materialien zu ihrem Bau in der Gegenwart liegen, ein Bild der Welt geben. Was ist nun eine Eigenwelt? Das extremste Beispiel: *Gullivers Reisen.* Alles in diesen ist erfunden, es ist gleichsam eine Welt neuer Dimensionen erstellt worden. Doch durch die innere, immanente Logik wird alles wieder zu einem Bilde unserer Welt. Eine logische Eigenwelt kann gar nicht aus unserer Welt fallen. Das ist ein Geheimnis: die Übereinstimmung der Kunst mit der Welt. Wir haben allein am Stoffe zu arbeiten. Das genügt. Stimmt der Stoff, wird auch das Werk stimmen. Hat dies der Schriftsteller begriffen, wird er sich auch vom Privaten abwenden, die Möglichkeit einer neuen Objektivität, einer neuen Klassik, wenn Sie wollen, eine Überwindung der Romantik wird sich ihm auftun. (26/67)

Ibsen, Strindberg, Beckett, Frisch oder Schriftsteller im Kleinstaat

Denken Sie an Ibsen, Strindberg, Beckett heute oder an Max Frisch, meinen Schweizer Kollegen, meinetwegen denken Sie auch etwas an mich oder an die Rolle der Iren in der angelsächsischen Literatur. Aber auch an Kleist und Büchner, die noch aus der deutschen Kleinstaaterei stammen, während Gerhart Hauptmann typischerweise der einzigen Epoche angehört, in der Deutschland leider ein Großstaat war, während Brecht schon wieder und wesentlich dem Kleinstaat Deutschland zugehört – Sie sehen, ich mache mir als Europäer keine politischen Illusionen. Nun ist es natürlich ein Unterschied, ob ein Staat schon weiß, daß er ein kleiner Staat ist, oder ob er noch an seine Größe glaubt, ohne wirklich groß zu sein – bei Brecht etwa ist vielleicht damit seine Neigung zum Kommunismus zu erklären –, doch glaube ich ein Gesetz auszusprechen, daß, hat sich einmal der Staat entschlossen als Kleinstaat installiert, er damit dem Schriftsteller eine ganze neue Freiheit verschafft. Die Freiheit nämlich, den Staat als das zu nehmen, was er sein soll: eine technische Notwendigkeit und nicht ein menschenfressender Mythos. Der installierte, technisch und zivilisatorisch bewältigte Kleinstaat, wie man ihn in Europa findet, hat sich politisch selber entschärft: die Welt als Ganzes ist nun sein Problem, aber damit ist auch die Welt das Problem seiner Schriftsteller geworden. Einer der großen Beweise für diese These ist etwa Ibsen. Als Schriftsteller eines Kleinstaates hat er die Waffen für die Schriftsteller der Großstaaten geschmiedet, weil ihm nicht nur seine Gesellschaft, sondern die Gesellschaft schlechthin zum Problem wurde. (24/82)

Wie schreiben?

Die Forderungen, welche die Ästhetik an den Künstler stellt, steigern sich von Tag zu Tag, alles ist nur noch auf das Vollkommene aus, die Perfektion wird von ihm verlangt, die man in die Klassiker hineininterpretiert – ein vermeintlicher Rückschritt, und schon läßt man ihn fallen. So wird ein Klima erzeugt, in welchem sich nur noch Literatur studieren, aber nicht mehr machen läßt. Wie besteht der Künstler in einer Welt der Bildung, der Alphabeten? Eine Frage, die mich bedrückt, auf die ich noch keine Antwort weiß. Vielleicht am besten, indem er Kriminalromane schreibt, Kunst da tut, wo sie niemand vermutet. Die Literatur muß so leicht werden, daß sie auf der Waage der heutigen Literaturkritik nichts mehr wiegt: Nur so wird sie wieder gewichtig. (24/71)

Schuld

Die Tragödie setzt Schuld, Not, Maß, Übersicht, Verantwortung voraus. In der Wurstelei unseres Jahrhunderts, in diesem Kehraus der weißen Rasse, gibt es keine Schuldigen und auch keine Verantwortlichen mehr. Alle können nichts dafür und haben es nicht gewollt. Es geht wirklich ohne jeden. Alles wird mitgerissen und bleibt in irgendeinem Rechen hängen. Wir sind zu kollektiv schuldig, zu kollektiv gebettet in die Sünden unserer Väter und Vorväter. Wir sind nur noch Kindeskinder. Das ist unser Pech, nicht unsere Schuld: Schuld gibt es nur noch als persönliche Leistung, als religiöse Tat. Uns kommt nur noch die Komödie bei. (24/62)

Schule

Das Kindergefängnis, das wir Schule nennen, angeblich eingerichtet, um den Kindern jene Bildung beizubringen, die sie nach der Einbildung der Erwachsenen haben sollten, um durch das Leben zu kommen, brachte, unterstützt von den Eltern und den Lehrern, auch mich nach und nach zur Strecke: Ich begann zu lesen. Was nicht selbstverständlich war. (S/41)

Spezialisten

Jeder Spezialist steht heute irgendeinem Team von Spezialisten vor: es kann heute einer noch so sehr Spezialist sein, es gibt in seinem Spezialgebiet immer noch Spezialgebiete, die immer noch Spezialisten hervorbringen. (14/114)

Sprache

Der Schriftsteller verspürt, daß wir heute auf eine Wirklichkeit gestoßen sind, die jenseits der Sprache liegt, und dies nicht auf dem Wege der Mystik, sondern auf dem Wege der Wissenschaft. Er sieht die Sprache begrenzt, doch macht er bei dieser Feststellung oft einen logischen Fehler. Er sieht nicht, daß die Begrenzung etwas Natürliches ist – weil die Sprache nun einmal mit dem Bilde verhaftet sein muß, will sie Sprache bleiben –, sondern er versucht, sie über ihre Begrenzung zu erweitern oder sie gleichsam aufzulösen. Nun ist die Sprache etwas Unexaktes. Exaktheit bekommt sie nur durch den Inhalt, durch den präzisen Inhalt. Die Exaktheit, der Stil der Sprache wird durch den Grad der immanenten Logik ihres Inhalts bestimmt. Man kann nicht an der Sprache arbeiten, sondern nur am Gedanken, am Gedanken arbeitet man durch die Sprache. Der heutige Schriftsteller arbeitet oft an der Sprache. Er differenziert sie. Dadurch wird es im Grunde gleichgültig, was er schreibt. So schreibt er denn auch meistens über sich selber. (26/66)

Staat

Der Mensch ist offenbar ein Pechvogel, nicht weil er nicht fliegen könnte – das kann er ja inzwischen –, sondern weil er immer wieder vom Himmel verführt wird, mehr als ein Mensch sein zu wollen: etwas Absolutes. Kaum hatte zum Beispiel die römische Republik die alte Welt geordnet, verwandelte sie sich in ein Imperium und den Kaiser in einen Gott; die Menschen lassen sich zwar von Menschen regieren, aber wollen diese Menschen als Götter sehen. Das ist die erste Verführung des Menschen durch den Himmel. Sie ist auch heute noch wirksam: Mao ist schon gottähnlich, und ein Bundesrat, wenn auch Mao gegenüber homöopathisch verdünnt, hat etwas Erhabenes.

Die zweite Verführung durch den Himmel ist ungleich delikater: Daß der römische Kaiser ein Gott sei, glaubte wahrscheinlich nicht einmal ein römischer Kaiser. Es war mehr eine juristische Notlösung, das Imperium irgendwie im Himmel zu verankern. Erst das Genie Konstantin der Große kam auf die Idee, es sei einleuchtender, Gottes

Stellvertreter zu sein als Gott selber: Ein Gott, der Blut vergießt, muß sich vor den Menschen rechtfertigen, vergießt man Blut im Namen Gottes, kann man sich mit Gott rechtfertigen. Man war auf die Verwendbarkeit des Himmels als Staatsideologie gekommen. Womit nichts gegen das Christentum gesagt sein soll, sondern alles gegen den christlichen Staat. Der hat mir nun doch zu schmutzige Finger. (27/26)

Studenten und Arbeiter

Die Studenten, die denken lernen müssen, weil die heutige Welt nur durch Denken bewältigt werden kann, und die, weil sie denken lernen müssen, nicht daran gehindert werden können, auch politisch nachzudenken, sind die schwache Stelle in den heutigen Ordnungen. Sie sind in der bevorzugten Lage, die Organisation zu überdenken, der sie gegenüberstehen, weil sie noch nicht völlig in diese Organisation eingegliedert sind. Doch kommen ihre Forderungen nicht nur vom Denken, sondern auch von Emotionen her. Als junge Menschen wehren sie sich instinktiv gegen die vorhandene und als denkende Menschen bewußt gegen die falsche Ordnung. Das macht, wenn die vorhandene Ordnung eine falsche Ordnung ist, die Stoßkraft der Studenten aus, und wo haben wir heute eine richtige Ordnung!

Doch führt die bevorzugte Lage die Studenten in die Isolation. Sie sind keine Klasse wie die Arbeiter, sie werden erst abgerichtet, eine Klasse zu sein, ihre Freiheit besteht darin, daß sie noch nicht sind, was sie sein sollen. Die Arbeiter werden als Klasse in die vorhandene Ordnung eingebaut, sie sind daran gewöhnt, organisiert zu werden, und verstehen sich deshalb zu organisieren. Ihre Rechte kommen aus ihrer Funktion als Klasse her. Die Studenten haben noch keine echte Funktion, sie sollen erst Funktionäre werden. Ihr Recht liegt allein in der Richtigkeit ihres Denkens. Entweder sind sie Intellektuelle oder nicht, entweder sind sie Wissenschaftler oder nicht, sie können sich nur als Intellektuelle und Wissenschaftler berechtigen, nur so können sie eine Funktion bekommen, dann sind sie mehr als ein Ausdruck des Generationenkonflikts. Ihr Recht liegt dann im Widersinn begründet, daß unsere Gesellschaft die Erkenntnis des Menschen als Hure benutzt, statt sich von ihr leiten zu lassen. Gleiten jedoch die Studenten ins Romantische, Unmögliche ab, verlieren sie sich in ideologischen Haarspaltereien, die bloß dazu dienen, neue Gegner zu erfinden, mit denen sich wie mit Windmühlen kämpfen läßt, verwechseln sie endlich die notwendige Veränderung der Wirklichkeit mit einem Riesengaudi, verpassen sie auch ihre politischen Chancen. (27/99)

Theater

Doch am liebsten sind mir die nichtsnutzigen Komödien
Meine Theatergruppe ist die beste und teuerste im Heiligen Römischen Reiche Deutscher Nation
Das Possenspiel unseres Lebens
Das mühsame Herumstolpern auf der Flucht vor der Wahrheit und auf der Suche nach ihr
Wird auf den Brettern leicht, ein Tanz, ein Gelächter, ein wohliger Schauer
Mitspieler in Wirklichkeit, verstrickt in Schuld, Mitwisser von Verbrechen
Brauchen wir die Täuschung loser Stunden, Zuschauer nur zu sein. (10/23)

Es ist heute nicht aktuell, beim Theater von Verzauberung zu reden. Das Theater scheint entzaubert zu sein. Über ein Publikum oder gar über einen Kritiker, der noch die Naivität aufbringt, sich vom Theater verzaubern zu lassen, wird gelächelt. Sogar vom Schauspieler wird verlangt, sich nicht mit seiner Rolle zu identifizieren, er hat als deren gesellschaftskritischer Interpret gleichsam neben sich selber auf der Bühne zu stehen, verdoppelt sozusagen (wie macht man das?). Das Theater scheint durchschaubar geworden zu sein, intellektuell bewältigt, kapiert. Die heutige Kritik vieler Gazetten ist restlos im Bilde: Sie ist eine Ideologie. Stil- oder marxgläubig.

Doch auch sonst, zugegeben, bietet an sich heute der Theaterbetrieb wenig Anlaß, sich verzaubern zu lassen, er ist längst kein Wunder mehr, man wundert sich höchstens manchmal, daß er noch stattfindet, daß es noch Städte gibt, die ihn finanzieren aus einem dumpfen Gefühl kommunaler und staatlicher Kulturbeflissenheit heraus, das alles mag sein, wenn ich auch nicht den Fehler begehen möchte, die früheren Zeiten zu glorifizieren, immer waren die außerordentlichen, die meisterhaften Aufführungen die Ausnahmen und nicht die Regel, und streng genommen hatte jede Zeit ihre Theaterkrise; kämpfte früher das Theater gegen die Zensur, stand es unter politischem Druck, leidet es heute an der Freiheit; war es früher gefesselt, sucht es sich heute zu binden; von seiner ständigen wirtschaftlichen Fragwürdigkeit ganz zu schweigen: Aber dennoch, wer nicht imstande ist, immer wieder zu staunen – und sei die Aufführung noch so mangelhaft –, sich immer wieder verzaubern zu lassen durch diese oder jene Szene – bei der es plötzlich gleichgültig ist, wie sie gespielt wird – oder bei dieser oder jener schauspielerischen Leistung – ob der man mit einem Male die Mängel des Stückes vergißt –, wer dazu nicht mehr fähig ist, wird auch den ersten Schritt nicht tun können, der zum Nachdenken darüber führt, was ihn denn erstaune, verzaubere. (25/100)

Tragödie und Komödie

Nur das Komödiantische ist möglicherweise heute noch der Situation gewachsen. Wer verzweifelt, verliert den Kopf; wer Komödien schreibt, braucht ihn.

Eines sei hier festgenagelt. Vor allem der Zynismus dem Leben oder den Lebensumständen gegenüber, in welchen man steckt, oder das Weiterwursteln in längst als falsch Erkanntem, verlangt den Ernst, den man der Wirklichkeit gegenüber nicht aufbringt, in der Kunst, den falschen Ernst, das falsche Pathos. Der wahre Nihilismus ist immer feierlich wie das Theater der Nazis. Die Sprache der Freiheit in unserer Zeit ist der Humor, und sei es auch nur der Galgenhumor, denn diese Sprache setzt eine Überlegenheit voraus auch da, wo der Mensch, der sie spricht, unterlegen ist.

Die falsche Weihe, die allzugroße Mission, der Ernst schaden der Bühne. Wir haben offenbar in Dingen der Kunst bescheidener zu werden, aus dem Tiefsinn aufzutauchen. Die Freiheit liegt jedoch im Realisierbaren, nicht im Unverbindlichen. Darin *scheint* nun ein Gegensatz zu liegen: Das Realisierbare scheint den vollen Ernst einer Sache zu verlangen, das Komödiantische auszuschließen. Gegen diese Forderung sträubt sich die Bühne an sich. Sie ist nicht die Welt, nicht einmal deren Abbild, sondern eine vom Menschen in seiner Freiheit erstellte, erdichtete, erfabulierte Welt, in der die Leiden und Leidenschaften gespielt sind und nicht erduldet werden müssen und in welcher der Tod selbst nicht etwas Schreckliches, sondern nur einen dramaturgischen Kniff darstellt. Sterben ist auf der Bühne immer noch einer der besten aller denkbaren Abgänge, denn das Theater ist an sich komödiantisch, und auch die Tragödie, die es spielt, kann es nur durch die komödiantische Lust an eben der Tragödie vollziehen. Die literarische Unterscheidung zwischen der Tragödie und der

Das Arsenal des Dramatikers (Selbstportrait) 1960

Komödie wird von der Bühne, vom Schauspieler her bedeutungslos. (26/110)

Bühne und Wirklichkeit

Für die Bühne, nicht für die Wirklichkeit, ist alles wirklich. Wer für die Bühne und für die Wirklichkeit die gleiche Wirklichkeit verlangt, wie die heutigen Bühnenideologen etwa, begreift weder Bühne noch Wirklichkeit. Er verwechselt die Wirklichkeit mit der Dramaturgie, indem er diese der Wirklichkeit und der Bühne gleichermaßen unterschiebt. Was die Bühne und die Wirklichkeit wirklich gemeinsam haben, und weshalb jene diese immer wieder auf ihre Bretter zu bringen sucht, liegt in der Unwirklichkeit beider. Immer verzweifelter versucht die Bühne, mit der Unwirklichkeit der heutigen Wirklichkeit Schritt zu halten. (15/11)

Die Dramatik ist ein Versuch, mit immer neuen Modellen eine Welt zu gestalten, die immer neue Modelle herausfordert. (26/102)

In jedem Drama wird eine Welt aus Leibern errichtet, die Bausteine des Dramas sind Menschen und werden es immer sein. (24/80)

Daß es ein Vergnügen gewährt, zu unterhalten und zu erschüttern, wird kaum bestritten werden, hingegen wird das Vergnügen, sein Publikum zu ärgern, merkwürdigerweise meistens von den Schriftstellern geleugnet, obgleich ich überzeugt bin, daß viele Theaterstücke nur zu diesem Zweck geschrieben worden sind, und nicht die schlechtesten. (24/14)

Die Probleme, denen ich als Dramatiker gegenüberstehe, sind arbeitspraktische Probleme, die sich mir nicht vor, sondern während der Arbeit stellen, ja, um genau zu sein, meistens nach der Arbeit, aus einer gewissen Neugier heraus, wie ich es denn eigentlich nun gemacht habe. (24/32)

Zu den Schwierigkeiten der Theaterschriftstellerei, ja vielleicht jeder Kunst, gehört das Sichabfinden. Ein Theaterstück ist nachträglich nur bedingt noch zu verbessern, ja meistens nur noch zu verschlechtern. Es ist da, mit allen Fehlern, doch es sind nicht Fehler, wie wir sie bei Objekten vorfinden, bei einem Stuhl oder bei einer Schaltanlage. Es sind mehr ›organische Delikte‹, Charakterfehler. Fehlerlose Menschen gibt es ja auch kaum. Aber es gibt Menschen, die wir lieben, verehren, daneben leider auch Mißgeburten, schöne Dummköpfe, unerträgliche Schwätzer. Und alle diese Individuen besitzen Väter, die kraft ihrer Vaterschaft in ihnen etwas Besonderes sehen. So geht es auch den Autoren. Ein Stück neu zu bearbeiten ist der Versuch, es zu erziehen. Eine problematische Arbeit, doch gehört sie zu den Notwendigkeiten unseres Berufs. (24/77)

Dramaturgie

Shakespeare hätte das Schicksal des unglücklichen Robert Falcon Scott doch wohl in der Weise dramatisiert, daß der tragische Untergang des großen Forschers durchaus dessen Charakter entsprungen wäre, Ehrgeiz hätte Scott blind gegen die Gefahren der unwirtlichen Regionen gemacht, in die er sich wagte, Eifersucht und Verrat unter den anderen Expeditionsteilnehmern hätten das Übrige hinzugetan, die Katastrophe in Eis und Nacht herbeizuführen; bei Brecht wäre die Expedition aus wirtschaftlichen Gründen und Klassendenken gescheitert, die englische Erziehung hätte Scott gehindert, sich Polarhunden anzuvertrauen, er hätte zwangsläufig standesgemäße Ponys gewählt, der höhere Preis wiederum dieser Tiere hätte ihn genötigt, an der Ausrüstung zu sparen; bei Beckett wäre der Vorgang auf das Ende reduziert, Endspiel, letzte Konfrontation, schon in einen Eisblock verwandelt, säße Scott anderen Eisblöcken gegenüber, vor sich hinredend, ohne Antwort von seinen Kameraden zu erhalten, ohne Gewißheit, von ihnen noch gehört zu werden.

Doch wäre auch eine Dramatik denkbar, die Scott beim Einkaufen der für die Expedition benötigten Lebensmittel aus Versehen in einen Kühlraum einschlösse und in ihm erfrieren ließe. Scott, gefangen in den endlosen Gletschern der Antarktis, entfernt durch unüberwindliche Distanzen von jeder Hilfe, Scott, wie gestrandet auf einem anderen Planeten, stirbt tragisch, Scott, eingeschlossen in den Kühlraum durch ein läppisches Mißgeschick, mitten in einer Großstadt, nur wenige Meter von einer belebten Straße entfernt, zuerst beinahe höflich an die Kühlraumtüre klopfend, rufend, wartend, sich eine Zigarette anzündend, es kann ja nur wenige Minuten dauern, dann an die Türe polternd, darauf schreiend und hämmernd, immer wieder, während sich die Kälte eisiger um ihn legt, Scott, herumgehend, um sich Wärme zu verschaffen, hüpfend, stampfend, turnend, radschlagend, endlich verzweifelt Tiefgefrorenes gegen die Türe schmetternd, Scott, wieder innehaltend, im Kreise herumzirkelnd auf kleinstem Raum, schlotternd, zähneklappernd, zornig und ohnmächtig, dieser Scott nimmt ein noch schrecklicheres Ende, und deshalb ist Robert Falcon Scott im Kühlraum erfrierend ein anderer als Robert Falcon Scott erfrierend in der Antarktis, wir spüren es, dialektisch gesehen ein anderer, aus einer tragischen Gestalt ist eine komische Gestalt geworden, komisch nicht wie einer, der stottert, oder wie einer, der vom Geiz oder von der Eifersucht überwältigt worden ist, eine Gestalt, komisch allein durch ihr Geschick: Die schlimmstmögliche Wendung, die eine Geschichte nehmen kann, ist die Wendung in die Komödie. (10/127)

Je älter ich werde, desto mehr ist mir das Theaterliterarische, das Rhetorische, sind mir die schönen Sentenzen und schönen Sätze verhaßt. Ich verzichte mehr und mehr auf die dramaturgischen Kniffe, womit die Schauspieler gezwungen werden, Menschen auf der Bühne darzustellen, die durch ihre Worte zu Exhibitionisten werden. Ich versuche dramaturgisch immer einfacher zu zeigen, immer sparsamer zu werden, immer mehr auszulassen, nur noch anzudeuten. Die Spannung zwischen den Sätzen ist mir wichtiger geworden als die Sätze selbst. Meine Dramatik spielt sich zwischen den Sätzen, nicht in den Sätzen ab, vom Schauspieler her gesehen. Ich vertraue seiner Wirkung mehr als der Literatur. Ich spiele ihm Sätze zu, die nichts als das letzte Resultat seines Spiels sein möchten. Ich integriere die Literatur in die Schauspielkunst und nicht die Schauspielkunst in die Literatur. Die Bühne wird bei mir zu einem theatralischen Medium, nicht zu einem literarischen Podium. Noch extremer: Ich schreibe meine Theaterstücke nicht mehr für die Schauspieler, ich komponiere sie mit ihnen. Ich gebe die Literatur zugunsten des Theaters auf, Literatur machen heute die Kritiker. Das führt dazu, daß ich das Bühnenbild mehr und mehr eliminiere, der Versuch reizt mich, Theater allein mit dem Schauspieler zu erzielen, der bloß mit den Requisiten arbeitet, die er zum Spielen benötigt. Meine Bühne ist ein Theater der Requisiten, nicht der Kulisse. Nur so scheint mir ein heutiges Theater berechtigt zu sein, als Theater, das sich auf sich selbst reduziert. (12/197)

Aussage

Dann möchte ich bitten, in mir nicht einen Vertreter einer bestimmten dramatischen Richtung, einer bestimmten dramatischen Technik zu erblicken oder gar zu glauben, ich stehe als ein Handlungsreisender irgendeiner der auf den heutigen Theatern gängigen Weltanschauungen vor der Tür, sei es als Existentialist, sei es als Nihilist, als Expressionist oder als Ironiker, oder wie nun auch immer das in die Kompottgläser der Literaturkritik Eingemachte etikettiert ist. Die Bühne stellt für mich nicht ein Feld für Theorien, Weltanschauungen und Aussagen, sondern ein Instrument dar, dessen Möglichkeiten ich zu kennen versuche, indem ich damit spiele. Natürlich kommen in meinen Stükken auch Personen vor, die einen Glauben oder eine Weltanschauung haben, lauter Dummköpfe darzustellen, finde ich nicht interessant, doch ist das Stück nicht um ihrer Aussage willen da, sondern die Aussagen sind da, weil es sich in meinen Stücken um Menschen handelt und das Denken, das Glauben, das Philosophieren auch ein wenig zur menschlichen Natur gehört. (24/31)

Viele sind auch heute noch der Meinung, daß ein Theaterstück eine Art Sprachrohr für den Dichter sei, mit Hilfe von Schauspielern Wahrheiten ins Publikum zu lancieren, als hätte Shakespeare den *Lear* nur geschrieben, um zu sagen, man solle streng mit seinen Töchtern verfahren, oder den *Hamlet,* um zu bedenken zu geben, daß Sein oder Nichtsein hier die Frage sei, Sophokles endlich den *König Ödipus,* um davor zu warnen, den eigenen Vater zu ermorden und mit der eigenen Mutter zu schlafen. Viele wissen immer noch nicht, daß die Dramatik wie die übrige Kunst einen bestimmten Weg eingeschlagen hat: Den Weg in die Fiktion. Ein Theaterstück kann heute eine Eigenwelt darstellen, eine in sich geschlossene Fiktion, deren Sinn nur im Ganzen liegt. Wer das nicht weiß, kann auch keine Partitur lesen. Die Aussagen – um ein Wort zu gebrauchen, das mehr als ein anderes im Theater Unheil angerichtet hat – die Aussagen des Dramatikers sind nicht Sätze, nicht Moral oder Tiefsinn, der Dramatiker sagt Stücke aus, sagt etwas aus, was nicht anders gesagt werden kann als durch ein Stück. (25/95)

In der unwillkürlichen Moralität des Theaters liegt seine Moral, nicht in seiner erstrebten. (26/112)

Regie

Da gibt es die Unerbittlichen, die Diktatoren, die Strengen, die sich immer ärgern, denen die Bühne nie genügt, die das immer gleiche perfekte Produkt verlangen, und es gibt jene, die sich über die immer neuen, die immer verwandelten Produkte amüsieren. Ich zähle mich zu den letzteren – wenn auch mit gewissen Einschränkungen. Entscheidend ist für mich der immanente Stil, nicht der äußere. Es ist auszudrücken, was der Autor will, was ihm vorschwebt, man hat seine Tonart zu treffen. Wie man das macht, kann verschieden sein, dem Regisseur soll Freiheit, aber keine Willkür gewährt werden. (24/75)

Es gibt auch Regisseure, die nicht eigentlich ein Stück, sondern ihren Kommentar zum Stück inszenieren. Solchen Vorstellungen wohnt dann der Autor besonders verdutzt bei. Er wundert sich über seine Tiefe, die einem andern eingefallen ist und in die das Publikum dann auch meistens prompt hereinfällt. (24/76)

Man spiele den Vordergrund richtig, den ich gebe, der Hintergrund wird sich von selber einstellen.

Ich zähle mich nicht zur heutigen Avantgarde, gewiß, auch ich habe eine Kunsttheorie, was macht einem nicht alles Spaß, doch halte ich sie als meine private Meinung zurück (ich müßte mich sonst gar nach ihr richten) und gelte lieber als ein etwas verwirrter Naturbursche mit mangelndem Formwillen. (5/142)

Natürlich können die Regie und die Schauspielkunst nachhelfen oder auch einiges verpatzen, doch ein Stück stimmt erst dann, wenn es auch schlechte Aufführungen aushält. (24/18)

Schauspieler

Der Schauspieler weiß, was das Publikum will, und richtet sich nach dem Publikum, ein viel gesünderes Prinzip, als man dort glaubt, wo nur ›an sich‹ gedichtet wird. Raimund und Nestroy sind große Theaterdichter, weil sie große Schauspieler waren; ihr dramatischer Stil und ihre Schauspielkunst sind eins. (24/26)

Kritik

Das Paradox des Kritikers liegt darin, daß er nur dann ein Kritiker sein kann, wenn er sich seine Naivität demgegenüber zu bewahren vermochte, das er kritisiert. Ohne das Kind im Manne (oder in der Frau) gibt es keine Theaterkritik. Naivität: Die von einem Kritiker zu fordern, ist nicht leicht, um so mehr als sie auch die Forderung enthält, unvoreingenommen einer Aufführung beizuwohnen. Ich meine: Kritik kann nur nachträglich geschehen, nicht während des Spiels, es gibt kein sogenanntes kritisches Zuschauen des Kritikers (wie es ein kritisches Zuschauen des Regisseurs während der Regie gibt), Kritik kann nur vom Gesamten her gesehen sein, und dieses Gesamte muß zuerst erlebt werden. Daß die Naivität des Erlebens nicht das nachträgliche unnaive kritische Überdenken ausschließt, sollte selbstverständlich sein. (25/101)

Toleranz

Eine jede Konzeption hat ihre eigene Wahrheit, und eine jede Konzeption hat ihre Berechtigung innerhalb aller Konzeptionen, eine Überlegung, die, so selbstverständlich sie auch ist, uns mehr stört, als wir zugeben. Denn im Bereich des Denkens wollen wir recht haben, gerade hier; den Kampf verdrängen wir allzuleicht aus der Welt der ›Wirklichkeit‹ in die Welt der ›Gedanken‹. Die geistige Toleranz ist noch problematischer als der politische Friede, dessen Voraussetzung sie ist: sie kann nicht bedeuten, daß jede Konzeption gleich wahr ist, gibt es doch Konzeptionen, die nur einen Sinn haben, wenn jener, der sie konzipiert, sie auch als ›wahr‹ annimmt, während sich bei anderen Konzeptionen diese Frage nicht stellt. Die Toleranz kann in nichts anderem als in der Achtung vor den anderen Konzeptionen liegen, auch wenn man sie nicht teilt, ja als Irrtum ablehnt; die Toleranz ist nicht eine schöngeistige, sondern eine existentielle Forderung, die jeder zuerst an sich selbst stellen muß, will er sie an andere stellen; der Kampf mit uns selbst geht dem Kampf um den Frieden voraus. Es gibt Erkenntnisse, die deshalb spät kommen, weil sie Erlebnisse voraussetzen, denen wir im Erleben nicht gewachsen sind. (29/144)

Universität

Die Universität sollte nicht der Ort sein, wo Wissen gehortet, sondern der Ort, wo Wissen begriffen wird; Wissen aber, das begriffen wird, läßt sich auch erweitern, und indem es sich erweitert, stellt es dem Begreifen wieder neue Aufgaben. Jedes Wissen aber, das begriffen wird, stellt eine Schöpfung dar dessen, der da begreift und, bei aller Hochachtung der Traditionen, der Überlieferungen, der Konventionen, insofern primäre Kultur im Gegensatz zur sekundären nicht ein Besitz ist – und sei er auch ein solcher nur im Wissen, wie man vielleicht etwas machen könnte, ein Gedicht etwa, eine Sonate, ein Bild, eine philosophische Überlegung usw., und welches man nur nicht macht, weil man es nicht zu machen vermag; ein Wissen also, das ich nicht *gering*schätze, aber als etwas Nachträgliches auch nicht *über*schätze –, sondern, insofern Primärkultur vorerst etwas anderes ist, nicht ein Besitz, vielmehr ein Besitzergreifen, nicht ein Wissen, aber ein Wagen, nicht ein Nachträgliches, hingegen ein Vorangehendes, ein Begreifen durch das Machen eines Gedichtes, einer Sonate, eines Bildes, einer philosophischen Überlegung usw., ohne die Sicherheit des Gelingens, ja ohne vorheriges Wissen des Resultats; ist es so, dann wäre nicht im Wissen, sondern in der Methode des Begreifens eine Universität, die Begreifen lehrt, in die Kultur integriert, wie ich sie begreife, sei sie nun künstlerisch oder wissenschaftlich irgendwelcher Art, ja sogar geisteswissenschaftlich, in eine Kultur des Experiments, der Überprüfung des Wissens, der Kritik, der Denkmodelle, der Anti-ideologien, der fiktiven Netze, ausgeworfen, Vermutetes und Unvermutetes zu fangen, verbunden mit dem Instinkt freilich für die ganze Fragwürdigkeit einer auch so begriffenen Kultur, denn was immer für den Menschen eine Chance ist, vermag sein Unglück zu werden, nichts sichert die Menschheit ab. Gewiß, eine Universität unter diesen Voraussetzungen liegt nicht durchaus im Interesse unserer Leistungsgesellschaft, Wissen läßt sich büffeln, Begreifen braucht Zeit, und wer der Jugend Zeit stiehlt, läßt sie nicht reifen, fleißig kann jeder sein, aber zur Produktivität braucht es eine gewisse Faulheit, ohne die sich die Gelehrten nicht zu sammeln vermögen, sie kommen allzu schnell als Frühgeburten zur Welt. (28/154)

Unrecht

Ich bin mit Sokrates der Meinung, die Größe eines Menschen liege darin, das Unrecht, das ihm widerfährt, ertragen zu können, es braucht jedoch soviel Größe dazu, daß ich es für meine politische Pflicht halte, alles zu versuchen, was einen Menschen hindert, in die Lage zu kommen, die Größe aufzubringen, ein solches Unrecht ertragen zu müssen. (27/95)

Volk

Die Behauptung, im Namen Gottes zu handeln, war nicht zu überprüfen, weil Gott sich nicht überprüfen läßt. Die Behauptung, im Namen des Volkes vorzugehen, wäre zu überprüfen, doch sie wird nicht überprüft, und würde sie überprüft und es wäre nur einer dagegen, müßte dieser eine ausgeschlossen werden, und es müßte aufs neue überprüft werden, ob nun alle dafür seien, daß in ihrem Namen gehandelt werde, denn es könnte ja sein, daß nun einige dagegen wären, des Ausschlusses des Einzelnen wegen, worauf auch diese ausgeschlossen werden müßten, um auf Grund einer neuen Abstimmung wieder andere ausschließen zu müssen usw. Man soll nicht den Namen Gottes mißbrauchen, man soll nicht den Namen des Volkes mißbrauchen, man soll keinen Namen mißbrauchen. (29/102)

Welt

Die Welt kausal bestimmt, die Welt das Weltgericht, wer zweifelt an der Erhabenheit dieser Vision? Gibt es eine andere, die dieser gewachsen wäre? Vor der Welt als Paradies schrecken wir zurück, wir sehen eine Welt voller Schafe, satt, eine Herde, die weidet, äst, die kein anderes Interesse mehr zeigt; wir sehen uns selbst nicht in dieser Welt. Wir malen uns eine lächerliche Welt aus, denken wir an den ewigen Frieden, eine vollkommene Wohlstandsgenossenschaft, weil wir ebensowenig aus dem Freund-Feind-Denken zu treten vermögen wie aus der Subjekt-Objekt-Beziehung. (29/148)

Weltuntergang

Zum Schluß droht immer noch der Untergang der Menschheit. Nicht mehr eine bloße Hypothese, technisch ist er möglich geworden. Für uns die schlimmste Wendung, aber für das Leben und für diesen Planeten die vielleicht beste. Wir haben vielleicht doch zu viele Chancen vertan, um den Ablauf der Geschichte noch zum Vernünftigen hin zu wenden. Die Saurier mußten nach sechzig Millionen Jahren Herrschaft abtreten, die zwei Millionen Jahre, die seit dem ersten Auftreten unserer Gattung vergangen sind, reichen möglicherweise schon. Ein kurzes Intermezzo, nicht einmal das: wir sprachen auf der Welt vor und fielen durch.

Doch wohin wir auch treiben, an ein Ufer, das uns rettet, oder dem Katarakt zu, der uns zerschmettert, so oder so, nach dem Ablauf aller Geschichte, dem natürlichen oder dem unnatürlichen, der Mensch wird etwas Einmaliges, Ungeheures und Wunderbares gewesen sein. (27/123)

Die Zeit ist in eine Wirklichkeit getaucht, die sie mit Blindheit schlägt, denn die Distanz, die zwischen dem heiligen Seher und dem Bilde war, ist dahingeschwunden, und mit diesem unendlichen Verlust, nicht nur an Schönheit, sondern auch an Welt, die Möglichkeit, die Apokalypse ohne jene Verzerrung zu sehen, die sie heute durch die Gegenwart bekommt: die immer düsterer aufsteigenden Wolken der Katastrophen verbergen die Strahlen der Gnade, die immer noch nicht von uns genommen ist. Die wilden Bilder eines Dürer und eines Bosch sind Wirklichkeit geworden, die Wandteppiche von Angers ein verlorenes Paradies, in welchem dem Glauben, der Berge versetzt, möglich war, was uns jetzt, da wir es erleben, wie Hohn erscheint: die Welt auch noch im Untergang in jener Herrlichkeit zu sehen, in der sie erschaffen wurde, Anfang und Ende eine makellose Einheit, das Zusammenstürzen der Städte wie ein Spiel weißer Blüten im Wind, der Tod ein müheloses Hinübergleiten, blumenhaft selbst die Tiere des Bösen, eingehüllt alles in die Lichtfülle des Gottes, dem die Welt nur ein Schemel seiner Füße ist und dessen Kinder wir sind. (26/150)

Zivilisation

Haben wir keine Wahl mehr, bestiegen wir einen Zug, der sich in so rasender Fahrt befindet, daß kein Abspringen mehr möglich ist? Schilderten wir die Zukunft oder schildern wir die Gegenwart? Hat nicht die moderne Gesellschaft längst zu einer zivilisierten Wildnis geführt, der gegenüber sich der Mensch wie ein Urmensch verhält?

Er begreift die Naturkräfte nicht, die ihn beherrschen, er benutzt das Telephon, das Radio, das Fernsehen, den Plattenspieler, die Elektrizität, die medizinischen Mittel, die Computer, die Flugzeuge und Autos usw., ohne sie wirklich zu verstehen; die Wissenschaftler und Techniker, die etwas davon verstehen, kommen ihm wie Medizinmänner vor, die geheime Kenntnisse besitzen, mit denen sie seine Welt beherrschen. Der moderne Mensch ist der Barbarei seiner Zivilisation verfallen. Er nistet sich in dieser Wildnis ein wie der Urbauer, der sein Stück Land beackert. Er sitzt in seinem Büro oder arbeitet in einer Fabrik. Er verdient sein Brot mit dem, was ihm die Zivilisationswildnis an Erwerbsmöglichkeiten bietet, ohne sie als Ganzes zu verstehen, ja oft ohne seine Tätigkeit in ihrer ganzen Auswirkung zu begreifen.

Ihm gegenüber kommt ein Menschenschlag auf, der die zivilisierte Wildnis wie ein Nomade benutzt, der, statt ein Pferd zu reiten, Motorrad fährt. Er lebt nicht in der Zivilisation, sondern durchzieht sie, von Arbeitsplatz zu Arbeitsplatz, von einem abbruchreifen Haus zum andern. Die heutigen Rockers sind die ersten Menschen, die sich von der modernen Zivilisation auf ihre Art wieder befreit haben, die nicht mehr nach ihrem Sinn fragen, denen sie nicht mehr wie ein Gefängnis vorkommt, sondern als Natur. Sie protestieren gegen jene, die zwar glauben, in einem Gefängnis zu leben, ohne sich jedoch dagegen aufzulehnen. Die Rockers schockieren die Spießer, die sich in ihr Schicksal ergeben und es als unveränderbar angenommen haben. (27/88)

Zukunft

Die Zukunft der Menschheit liegt im Ungewissen, wir können immer noch den Augenblick festhalten. Der Friede wird hart sein, sei es nun der nach einem sinnlosen Krieg oder jener ohne diesen Umweg, denn Friede bedeutet Alltag, und das Alltägliche, das Gewöhnliche, das Langweilige wird immer mehr zunehmen. Unsere Intensität wird entscheiden, ob sich die Güter dieser Erde in unseren Händen zu Gold oder zu Staub verwandeln. Die Abenteuer der alten Art wird sich die Menschheit immer weniger leisten können, von den Fahrten auf den Mond wird sie enttäuscht heimkehren, es gilt die neuen Abenteuer zu finden, es sind dies jene des Geistes. Die Politik wird im günstigsten Falle sozial gesicherte Räume errichten, sie zu erhellen wird die Sache des Einzelnen sein, sonst wird die Erde zu einem Gefängnis. Eine Organisation muß schematisieren, allein der Einzelne ist imstande, einen Iwan wichtiger als die Sowjetunion zu nehmen und so die wahre Größenordnung wieder herzustellen. Von der Politik haben wir Vernunft, von den Einzelnen Liebe zu fordern. Es ist Sache der Politik, dafür zu sorgen, daß aus der Chance Einzelner die Chance der Einzelnen wird. (28/18)

Nachweis

Der Großteil der Texte stammt aus der *Werkausgabe in 30* Bänden, Zürich 1980. Die übrigen Texte stammen aus *Stoffe I-III*, Zürich 1981.

Die erste Zahl in der Klammer am Schluß jedes Textes bezeichnet den entsprechenden Band der *Werkausgabe*, die zweite die Seite. S steht für Texte aus *Stoffe I-III*.

Die *Werkausgabe* umfaßt die folgenden Bände:

1 Es steht geschrieben/Der Blinde
2 Romulus der Große
3 Die Ehe des Herrn Mississippi
4 Ein Engel kommt nach Babylon
5 Der Besuch der alten Dame
6 Frank der Fünfte
7 Die Physiker
8 Herkules und der Stall des Augias/Der Prozeß um des Esels Schatten
9 Der Meteor/Dichterdämmerung
10 Die Wiedertäufer
11 König Johann/Titus Andronicus
12 Play Strindberg/Porträt eines Planeten
13 Urfaust/Woyzeck

14 Der Mitmacher
15 Die Frist
16 Die Panne
17 Nächtliches Gespräch mit einem verachteten Menschen/Stranitzky und der Nationalheld/Das Unternehmen der Wega
18 Aus den Papieren eines Wärters
19 Der Richter und sein Henker/Der Verdacht
20 Der Hund/Der Tunnel/Die Panne
21 Grieche sucht Griechin/Mr. X macht Ferien/Nachrichten über den Stand des Zeitungswesens in der Steinzeit
22 Das Versprechen/Aufenthalt in einer kleinen Stadt
23 Der Sturz/Abu Chanifa und Anan ben David/Smithy/Das Sterben der Pythia
24 Theater
25 Kritik
26 Literatur und Kunst
27 Philosophie und Naturwissenschaft
28 Politik
29 Zusammenhänge/Nachgedanken
30 Über Friedrich Dürrenmatt

Friedrich Dürrenmatt im Diogenes Verlag

● **Gesammelte Werke in sieben Bänden**
Herausgegeben von Franz Josef Görtz
Leinen

● **Das dramatische Werk**

Achterloo
Komödie. Leinen

Es steht geschrieben / Der Blinde
Frühe Stücke. detebe 20831

Romulus der Große
Ungeschichtliche historische Komödie
Fassung 1980. detebe 20832

Die Ehe des Herrn Mississippi
Komödie und Drehbuch. Fassung 1980
detebe 20833

Ein Engel kommt nach Babylon
Fragmentarische Komödie. Fassung 1980
detebe 20834

Der Besuch der alten Dame
Tragische Komödie. Fassung 1980
detebe 20835

Frank der Fünfte
Komödie einer Privatbank. Fassung 1980
detebe 20836

Die Physiker
Komödie. Fassung 1980. detebe 20837

Herkules und der Stall des Augias
Der Prozeß um des Esels Schatten
Griechische Stücke. Fassung 1980
detebe 20838

Der Meteor / Dichterdämmerung
Nobelpreisträgerstücke. Fassung 1980
detebe 20839

Die Wiedertäufer
Komödie. Fassung 1980. detebe 20840

König Johann / Titus Andronicus
Shakespeare-Umarbeitungen. detebe 20841

Play Strindberg / Porträt eines Planeten
Übungsstücke für Schauspieler
detebe 20842

Urfaust / Woyzeck
Bearbeitungen. detebe 20843

Der Mitmacher
Ein Komplex. detebe 20844

Die Frist
Komödie. Fassung 1980. detebe 20845

Die Panne
Hörspiel und Komödie. detebe 20846

Nächtliches Gespräch mit einem verachteten Menschen / Stranitzky und der Nationalheld / Das Unternehmen der Wega
Hörspiele und Kabarett. detebe 20847

Friedrich Dürrenmatt & Charlotte Kerr
Rollenspiele
Protokoll einer fiktiven Inszenierung und Achterloo III. Leinen

● **Das Prosawerk**

Labyrinth
Stoffe I–III: Der Winterkrieg in Tibet / Mondfinsternis / Der Rebell. Leinen

Turmbau
Stoffe IV–IX: Begegnungen / Querfahrt / Die Brücke / Das Haus / Vinter / Das Hirn
Leinen

Versuche
Leinen

Durcheinandertal
Roman. Leinen

Aus den Papieren eines Wärters
Frühe Prosa. detebe 20848

Der Richter und sein Henker
Der Verdacht
Kriminalromane. detebe 20849

Der Hund / Der Tunnel / Die Panne
Erzählungen. detebe 20850

Grieche sucht Griechin / Mr. X macht Ferien / Nachrichten über den Stand des Zeitungswesens in der Steinzeit
Grotesken. detebe 20851

Das Versprechen / Aufenthalt in einer kleinen Stadt
Ein Requiem auf den Kriminalroman und ein Fragment. detebe 20852

Der Sturz / Abu Chanifa und Anan Ben David / Smithy / Das Sterben der Pythia
Erzählungen. detebe 20854

Theater
Essays, Gedichte und Reden. detebe 20855

Kritik
Kritiken und Zeichnungen. detebe 20856

Literatur und Kunst
Essays, Gedichte und Reden. detebe 20857

Philosophie und Naturwissenschaft
Essays, Gedichte und Reden. detebe 20858

Politik
Essays, Gedichte und Reden. detebe 20859

Zusammenhänge/Nachgedanken
Essay über Israel. Über Freiheit, Gleichheit und Brüderlichkeit in Judentum, Christentum, Islam und Marxismus. detebe 20860

Der Richter und sein Henker
Kriminalroman. Mit einer biographischen Skizze des Autors. detebe 21435

Der Verdacht
Kriminalroman. Mit einer biographischen Skizze des Autors. detebe 21436

Justiz
Roman. detebe 21540

Der Auftrag
oder Vom Beobachten des Beobachters der Beobachter. Novelle in vierundzwanzig Sätzen. detebe 21662

Minotaurus
Eine Ballade. Mit Zeichnungen des Autors detebe 21792

● Das zeichnerische Werk

Bilder und Zeichnungen
Mit einer Einleitung von Manuel Gasser und Kommentaren des Autors. Diogenes Kunstbuch

Die Heimat im Plakat
Ein Buch für Schweizer Kinder. Zeichnungen. Mit einem Geleitwort des Autors kunst-detebe 26026

Außerdem liegen vor:

Die Welt als Labyrinth
Ein Gespräch mit Franz Kreuzer. Broschur

Denkanstöße
Gedanken über Geld und Geist, Politik und Philosophie, Literatur und Kunst, Gerechtigkeit und Recht, Krieg und Frieden. Ausgewählt und zusammengestellt von Daniel Keel. Mit sieben Zeichnungen des Dichters detebe 21697

Über Friedrich Dürrenmatt
Essays, Zeugnisse und Rezensionen von Gottfried Benn bis Saul Bellow. Mit Chronik und Bibliographie. Herausgegeben von Daniel Keel. detebe 20861

Elisabeth Brock-Sulzer
Friedrich Dürrenmatt
Stationen seines Werkes. Mit Fotos, Zeichnungen, Faksimiles. detebe 21388